DÉCOUVERTES

Anthologie

MORGAN KENNEY, Editor

D.C. Heath Canada Ltd.

With special thanks to the
Secondary French Revision Committee,
Ministry of Education,
Province of British Columbia

Pat Aders	Robert Laval
Lionel Daneault	Cynthia Lewis
Donald Fraser	Heike Sasaki
Barbara Fudge	Patrick David

Design and Art Direction/Maher and Murtagh
Consultants/MKLP
French Editors/Pierre Karch, Mariel Karch
Illustration/Vesna Krstanovich

Canadian Cataloguing in Publication Data

Main entry under title:
Découvertes

ISBN 0-669-95062-9

1. Canadian literature (French).* 2. French literature.
I. Kenney, Morgan, 1926-

PS8233.D42 1983   840'.8   C83-098817-3
PQ3913.D42 1983

Printed and bound in Canada by
T.H. Best Printing Company Limited

The publisher has made every effort to contact the copyright holders
of material included in this text. Further information pertaining to
rights on this material would be welcome.

Table des Matières

Découvertes à travers les siècles

Découvertes narratives

Le Petit Prince

Antoine de Saint-Exupéry

C'est alors qu'apparut le renard:

— Bonjour, dit le renard.

— Bonjour, répondit poliment le petit prince, qui se retourna mais ne vit rien.

— Je suis là, dit la voix, sous le pommier ...

— Qui es-tu? dit le petit prince. Tu es bien joli ...

— Je suis un renard, dit le renard.

— Viens jouer avec moi, lui proposa le petit prince. Je suis tellement triste ...

— Je ne puis pas jouer avec toi, dit le renard. Je ne suis pas apprivoisé.

— Ah! pardon, fit le petit prince.

Mais, après réflexion, il ajouta:

— Qu'est-ce que signifie "apprivoiser"?

— Tu n'es pas d'ici, dit le renard, que cherches-tu?

— Je cherche les hommes, dit le petit prince. Qu'est-ce que signifie "apprivoiser"?

le renard   fox

se retourna   turned around
le pommier   apple tree

puis   peux
apprivoisé   tamed
fit   dit

—Les hommes, dit le renard, ils ont des fusils et ils chassent. C'est bien gênant! Ils élèvent aussi des poules. C'est leur seul intérêt. Tu cherches des poules?

gênant   annoying
élèvent   raise

—Non, dit le petit prince. Je cherche des amis. Qu'est-ce que signifie "apprivoiser"?

—C'est une chose trop oubliée, dit le renard. Ça signifie "créer des liens ..."

le lien   tie

—Créer des liens?

—Bien sûr, dit le renard. Tu n'es encore pour moi qu'un petit garçon tout semblable à cent mille petits garçons. Et je n'ai pas besoin de toi. Et tu n'as pas besoin de moi non plus. Je ne suis pour toi qu'un renard semblable à cent mille renards. Mais, si tu m'apprivoises, nous aurons besoin l'un de l'autre. Tu seras pour moi unique au monde. Je serai pour toi unique au monde ...

semblable   similar

—Je commence à comprendre, dit le petit prince. Il y a une fleur ... je crois qu'elle m'a apprivoisé ...

—C'est possible, dit le renard. On voit sur la Terre toutes sortes de choses ...

—Oh! ce n'est pas sur la Terre, dit le petit prince.

Le renard parut très intrigué:

—Sur une autre planète?

—Oui.

—Il y a des chasseurs, sur cette planète-là?

—Non.

—Ça c'est intéressant! Et des poules?

—Non.

—Rien n'est parfait, soupira le renard.

soupira   sighed

Mais le renard revint à son idée:

—Ma vie est monotone. Je chasse les poules, les hommes me chassent. Toutes les poules se ressemblent, et tous les hommes se ressemblent. Je m'ennuie donc un peu. Mais, si tu m'apprivoises, ma vie sera comme ensoleillée. Je connaîtrai un bruit de pas qui sera différent de tous les autres. Les autres pas me font rentrer sous terre. Le tien m'appellera hors du terrier, comme une musique. Et puis regarde! Tu vois, là-bas, les champs de blé? Je ne mange pas de pain. Le blé pour moi est inutile. Les champs de blé ne me rappellent rien. Et ça, c'est triste! Mais tu as des cheveux couleur d'or. Alors ce sera merveilleux quand tu m'auras apprivoisé! Le blé, qui est doré, me fera souvenir de toi. Et j'aimerai le bruit du vent dans le blé ...

m'ennuie   am bored

ensoleillé   sunlit
le bruit de pas   footstep

hors de   out of
le terrier   foxhole

le blé   wheat

doré   golden
me fera souvenir
    will remind me
se tut   fell silent

Le renard se tut et regarda longtemps le petit prince:

—S'il te plaît ... apprivoise-moi, dit-il.

—Je veux bien, répondit le petit prince, mais je n'ai pas beaucoup de temps. J'ai des amis à découvrir et beaucoup de choses à connaître.

— On ne connaît que les choses que l'on apprivoise,
dit le renard. Les hommes n'ont plus le temps de rien
connaître. Ils achètent des choses toutes faites chez les   toutes faites   ready-made
marchands. Mais comme il n'existe point de marchands
d'amis, les hommes n'ont plus d'amis. Si tu veux un ami,
apprivoise-moi!

    — Que faut-il faire? dit le petit prince.

    — Il faut être très patient, répondit le renard. Tu
t'assoiras d'abord un peu loin de moi, comme ça, dans
l'herbe. Je te regarderai du coin de l'oeil et tu ne diras
rien. Le langage est source de malentendus. Mais, chaque   le malentendu
jour, tu pourras t'asseoir un peu plus près …   misunderstanding

Le lendemain revint le petit prince.

    — Il eût mieux valu revenir à la même heure, dit le   il eût mieux valu
renard. Si tu viens, par exemple, à quatre heures de   it would have been better
l'après-midi, dès trois heures je commencerai d'être   dès   from … on
heureux. Plus l'heure avancera, plus je me sentirai   me sentirai   will feel
heureux. A quatre heures, déjà, je m'agiterai et   m'agiterai   will get upset
m'inquiéterai: je découvrirai le prix du bonheur! Mais si   m'inquiéterai   will worry
tu viens n'importe quand, je ne saurai jamais à quelle
heure m'habiller le coeur … Il faut des rites.   habiller   préparer

    — Qu'est-ce qu'un rite? dit le petit prince.

    — C'est aussi quelque chose de trop oublié, dit le
renard. C'est ce qui fait qu'un jour est différent des autres
jours, une heure, des autres heures. Il y a un rite, par
exemple, chez mes chasseurs. Ils dansent le jeudi avec les

filles du village. Alors le jeudi est jour merveilleux! Je vais me promener jusqu'à la vigne. Si les chasseurs dansaient n'importe quand, les jours se ressembleraient tous, et je n'aurais point de vacances.

la vigne   vineyard

point   pas

Ainsi le petit prince apprivoisa le renard. Et quand l'heure du départ fut proche:

ainsi   de cette manière

— Ah! dit le renard … Je pleurerai.

— C'est ta faute, dit le petit prince, je ne te souhaitais point de mal, mais tu as voulu que je t'apprivoise …

souhaitais   wish

— Bien sûr, dit le renard.

— Mais tu vas pleurer! dit le petit prince.

— Bien sûr, dit le renard.

— Alors tu n'y gagnes rien!

— J'y gagne, dit le renard, à cause de la couleur du blé.

Puis il ajouta:

— Va revoir les roses. Tu comprendras que la tienne est unique au monde. Tu reviendras me dire adieu, et je te ferai cadeau d'un secret.

Le petit prince s'en fut revoir les roses:

— Vous n'êtes pas du tout semblables à ma rose, vous n'êtes rien encore, leur dit-il. Personne ne vous a apprivoisées et vous n'avez apprivoisé personne. Vous êtes comme était mon renard. Ce n'était qu'un renard semblable à cent mille autres. Mais j'en ai fait mon ami, et il est maintenant unique au monde.

Et les roses étaient bien gênées.

gêné   embarrassed

— Vous êtes belles, mais vous êtes vides, leur dit-il encore. On ne peut pas mourir pour vous. Bien sûr, ma rose à moi, un passant ordinaire croirait qu'elle vous ressemble. Mais à elle seule elle est plus importante que vous toutes, puisque c'est elle que j'ai arrosée. Puisque c'est elle que j'ai mise sous globe. Puisque c'est elle que j'ai abritée par le paravent. Puisque c'est elle dont j'ai tué les chenilles (sauf les deux ou trois pour les papillons). Puisque c'est elle que j'ai écoutée se plaindre, ou se vanter, ou même quelquefois se taire. Puisque c'est ma rose.

le passant   passer-by

arrosé   watered
le globe   glass dome
abrité   sheltered
le paravent   wind screen
la chenille   caterpillar
sauf   excepté
se plaindre   complain
se vanter   boast

Et il revint vers le renard:

— Adieu, dit-il …

— Adieu, dit le renard. Voici mon secret. Il est très simple: on ne voit bien qu'avec le coeur. L'essentiel est invisible pour les yeux.

— L'essentiel est invisible pour les yeux, répéta le petit prince, afin de se souvenir.

afin de   pour

— C'est le temps que tu as perdu pour ta rose qui fait ta rose si importante.

— C'est le temps que j'ai perdu pour ma rose ... fit le petit prince, afin de se souvenir.

— Les hommes ont oublié cette vérité, dit le renard. Mais tu ne dois pas l'oublier. Tu deviens responsable pour toujours de ce que tu as apprivoisé. Tu es responsable de ta rose ...

— Je suis responsable de ma rose ... répéta le petit prince, afin de se souvenir.

Le Mort du bridge

Daniel Boulanger

— Ouf, soupira le chirurgien.

— Monsieur, reprit la secrétaire, vos malades de ce soir sont terminés, mais il reste toujours ce type au salon.

— Je l'avais oublié, répondit le docteur Briot. Yvonne, je ne veux personne, je dis personne sans rendez-vous.

— Je le sais, mais voilà deux heures qu'il attend et je n'ai pas pu le mettre dehors.

— Qui est-ce?

— Il n'a pas voulu me dire son nom. Entre deux âges. Une barbe et des yeux dont on ne voit rien.

— Faites-le entrer.

Le chirurgien remit ses lunettes et attendit près de la double porte en cuir capitonné. On a parfois des visiteurs singuliers dans ce métier, qui viennent remplis de peur et de secrets comme s'ils allaient moucharder à la police. Parfois ce sont des simples que terrorise l'attente de paraître devant celui qui a tant de pouvoir sur eux, souvent des compliqués désireux de démêler un instant leur écheveau, d'autres qui se jettent avec confiance dans les bras d'un père ou d'un ami. A tous Briot va donner la moitié de son âme, sortir usé de l'entretien, rêver encore au fort de la nuit de tel ou tel cas, et soudain trouver les mots qui lui ont manqué pendant la consultation, voir clair enfin dans tel personnage et désirer de le revoir au plus vite, de corriger une formule, de changer de tactique, de décider l'intervention.

La porte laissa passer un homme de taille moyenne, aux cheveux gris et plaqués. Briot reconnut à l'instant le profil au nez vif qui tranchait sur une barbe à la henricade mais où, mais quand l'avait-il vu? Il s'est laissé pousser le poil, pense-t-il, il a changé de coiffure, il …

— Monsieur, vous me reconnaissez? demanda l'inconnu en tendant la main.

Le chirurgien hésita une seconde à la serrer, pria l'homme de s'asseoir et se rendit à l'autre bout de la pièce, pour simplement se donner le temps de chercher encore qui cela pouvait bien être. Trouvé!

— Quérel! dit-il.

— Je n'ai donc pas changé?

— Votre voix, dit Briot, votre voix est inoubliable.

— Je ne vous ai pourtant pas beaucoup parlé!

— Vous ne disiez que monsieur, monsieur, mais vous me l'avez bien dit cent fois. Et votre regard, ce petit filet de mercure! Quérel!

---

soupira   sighed
le chirurgien   surgeon
reprit   recommença
il reste   there is left
le type   guy

mettre dehors   to send away

entre deux âges   middle-aged

en cuir capitonné   in padded leather
singulier   strange
moucharder   to squeal
l'attente (f)   waiting
le pouvoir   power
démêler leur écheveau disentangle the maze of their lives
usé   fatigué
l'entretien (m)   la conversation
au fort de   au milieu de
tel ou tel   such and such

l'intervention (f)   l'opération (f)
moyen   medium
plaqué   flattened
au nez vif   with a sharp nose
tranchait   stood out
à la henricade   pointed
le poil   la barbe
la coiffure   hairstyle

en tendant   holding out

serrer   shake
pria   demanda
se rendit   alla

inoubliable   unforgettable

le filet de mercure a thin line of mercury

— Ça fait dix ans, laissa tomber le visiteur. Je suis sorti de centrale il y a six mois, le temps d'avoir ma barbe.

Le chirurgien chercha ce que l'autre allait lui demander: travail? argent? Quérel ne semblait pas mal en point, visage soigné, vêtements neufs, cette bague un peu grosse à l'annulaire droit, une pierre d'évêque?

— Quel service puis-je vous rendre?

— Aucun, dit Quérel.

— La santé?

— Tout va.

— Alors?

— Je voulais vous voir.

Briot se cala dans son fauteuil, gêné par il ne savait quoi.

— Et voir aussi votre maison, vos meubles, vos tableaux.

Il y eut un silence — dix ans, dix ans! — et le face à face devint leur première rencontre.

Le chirurgien venait d'opérer dans la clinique des Avenues. Il se brossait les mains en compagnie de son assistant lorsqu'une infirmière arriva en courant:

— Il y a un homme dans l'entrée, il pisse le sang de partout, il s'est traîné.

ça fait   it's been
laissa tomber   remarqua
la centrale   la prison

mal en point   malade

soigné   well-groomed

l'annulaire (m)   ring finger
la pierre d'évêque   bishop's ring
rendre   do

se cala   s'installa
gêné   bothered

il pisse le sang de partout
   his blood is pouring from
   everywhere
s'est traîné   dragged himself

Briot, sans presser le pas, en caleçon sous son tablier, remonta de la salle d'opération et vit sur le carrelage le blessé que personne n'avait touché. Il hurla:

— Mais bon Dieu, vous ne pouviez pas le ramasser et me l'amener!

Il se pencha, l'autre n'arrêtait pas de murmurer: monsieur, monsieur.

— Allez! En bas! lança Briot. Et prévenez la police.

Quérel avait six balles dans le corps, deux dans l'abdomen. Briot para au plus pressé.

— Pour les jambes, on verra la fracture plus tard, dit-il. Une simple contention pour l'instant.

Les policiers étaient dans la chambre lorsque l'on remonta Quérel, à demi conscient.

— La villa Dordain, c'est toi, où sont les autres? Qui t'a tiré dedans?

— Inspecteur, laissez-le, dit Briot en rentrant, il est choqué et je ne veux pas d'interrogatoire avant demain matin.

— Mais ...

— Ici, c'est moi qui décide, dit le chirurgien tranquillement.

Dans les jours qui suivirent Quérel fut surveillé de toutes les façons à la clinique des Avenues. Un garde était de faction devant sa porte. Lorsqu'on vint le prendre pour le transférer à l'infirmerie du dépôt, Briot lui pinça l'oreille.

— Vous revenez de loin! dit-il.

— Je reviens de loin, reprit Quérel en posant cette fois sa main baguée sur le bureau du médecin.

— C'est de la vieille histoire, dit Briot. Vous avez payé. Il faut penser à autre chose.

— Non, dit doucement Quérel. Vous n'avez peut-être pas suivi l'affaire de la villa Dordain, mais nous étions trois. L'un fut tué, j'ai failli l'être. On m'a mis sur le dos la mort du gardien, et le troisième court encore avec ce qui reste du magot.

— Laissez donc.

— Je laisserais, si ce n'était pas lui qui nous avait abattus. Grenant, vous vous rappelez son nom? Grenant, le porc.

— La police ne l'a jamais retrouvé.

— Moi si, il y a huit jours.

— C'est bien, vous ne vous êtes pas vengé.

— Pas encore.

— Vous êtes venu pour me dire cela?

Le chirurgien se sentit mal à l'aise soudain et regarda les portes de son cabinet.

— Je ne vois pas ce que je peux faire pour vous.

---

presser le pas   se dépêcher
le caleçon   underwear
le tablier   apron
le carrelage   tiled floor

se pencha   bent down

prévenez   notify

la balle   bullet

para au plus pressé
    looked after the most urgent

la contention
    l'immobilisation (f)

tiré dedans   shot you

surveillé   watched

de faction   on duty

le dépôt   la prison
pinça l'oreille   pinched his ear

j'ai failli l'être   I nearly
    was, too
m'a mis sur le dos   m'a accusé
le magot   l'argent (m)

abattu   shot down

vengé   taken revenge

— Rien, dit Quérel, mais vous m'avez sauvé la vie et je veux vous rendre service.

Sa voix baissa et Briot vit s'évanouir son regard. Il ne restait rien dans le visage gris.

baissa   dropped
s'évanouir   disparaître

— J'abattrai Grenant devant la préfecture.

— Pourquoi cette mise en scène?

la préfecture
   police headquarters
la mise en scène   staging

— Bravo! Vous ne me dites pas: pourquoi tuer Grenant? Vous ne voyez que le décor, vous avez raison, j'y tiens. Ma vie s'achève, monsieur. Je voulais vous voir avant, vous dire merci, et d'une pierre faire deux coups. On ne perd qu'une fois la tête, docteur. Aussi, service pour service, je vous débarrasse de qui vous gêne. Ni vu, ni connu. Donnez-moi un nom.

j'y tiens   it's important to me

s'achève   finit

d'une pierre faire deux coups
   kill two birds with one stone

débarrasse   rid
gêne   bothers

On allumait les lumières de la rue. Le docteur alla fermer les volets, surpris, désarçonné, non point qu'un homme par une étrange gentillesse vint lui proposer de le défaire d'un ennemi, mais bien de se demander quel rival il pourrait livrer. Aussitôt lui apparurent deux, trois, quatre visages. Des obscènes. Oh oui, pour le bien de tous, il n'y avait qu'à dire leurs noms. Enfin un nom, un seul, n'exagérons pas, on ne m'en offre qu'un. Lequel?

le volet   shutter
désarçonné   dumbfounded
la gentillesse   kindness
défaire   rid
livrer   surrender

Quérel restait assis, respectant les pensées de son sauveur, attendant la victime. Tout était très doux dans le salon, même le relent de pharmacie. Le médecin vint lui poser la main sur l'épaule.

le sauveur   saviour

le relent de pharmacie
   unpleasant smell of medicine

— Je n'ai personne à faire disparaître, annonça-t-il simplement. Vous êtes bien aimable.

— C'est de bon coeur, en effet, dit Quérel en se levant. Il ajouta sur le pas de la porte, reprenant entre les cils ses deux gouttes de mercure: Vous êtes sûr, docteur? Vous ne regretterez pas? Personne? Personne ne vous gêne? Pas de rival? Affaires? Amour? Personne?

reprenant   taking back
le cil   eyelash

Le chirurgien lui serra la main.

— Merci. Oubliez tout cela, ajouta-t-il fortement, mais il était certain que le visiteur allait faire sa justice devant la préfecture et il ne fut pas étonné de lire dans le journal, à quelques temps de là, que Grenant était tombé comme prévu et que Quérel pour ne pas échapper à son désir avait aussi tiré sur les agents de l'ordre et succombé sous leurs rafales.

prévu   planned

tiré sur   fired at
de l'ordre   de police
la rafale   gunfire

C'était le début de l'après-midi, la table desservie, trois taches de café sur la nappe.

— Rien de neuf? demanda Mme Briot.

Le docteur laissa tomber la gazette.

— Tu vas encore faire un bridge? dit-il. Comme hier, comme demain.

— On dirait que tu es jaloux, répondit-elle en riant un peu trop haut. A quoi penses-tu?

— A un nom.

desservi   cleared

la tache   stain
la nappe   tablecloth

faire un bridge   jouer au bridge

L'Oeuf de Pâques

Henri Crespi

Ça n'a pas l'air vrai.

Et que voulez-vous que j'y fasse?

Chaque jour je lis le journal, et je me dis aussi:
"Ça n'a pas l'air vrai," et pourtant ...

La première chose qui n'a pas l'air vrai, c'est son nom.

Il s'appelait Siméon Farfelu.

Et que voulez-vous que j'y fasse?

Sa femme s'appelait Nadine. C'est comme ça.

Ils se sont connus il y a dix-sept ans, exactement le
12 mai 1932. Elle avait vingt-deux ans et servait dans un
restaurant. Lui avait vingt-deux ans et mangeait dans le
même restaurant ...

Ça, ça a l'air d'être vrai.

Le jour de Pâques, ils s'étaient trouvés sur un sentier
dans le Bois de Boulogne. Il lui avait demandé de lui
tourner le dos et s'en était allé cacher un oeuf de
chocolat dans un buisson. Elle l'avait cherché, trouvé et
avait mordu le chocolat. A l'intérieur, un morceau de
papier sur lequel était écrit "je t'aime." Elle s'était jetée à
son cou et l'avait couvert de baisers.

Depuis ce temps, chaque année, le jour de Pâques,
Siméon Farfelu cachait un oeuf dans la maison ou dans le
petit jardin. Nadine, dès le réveil, se mettait à chercher
partout et Siméon la suivait avec un regard amusé.

Quand elle avait enfin trouvé, comme à la première
fois, elle mordait hardiment dans le chocolat pour savoir
ce que l'oeuf cachait. Le plus souvent, elle y avait trouvé
un bijou. Alors, toujours comme la première fois, elle se
jetait à son cou. La coutume était aimable.

A plusieurs occasions, elle avait trouvé des bouts de
papier sur lesquels elle lisait: "Bon pour une robe" ou
"Bon pour une surprise chez la concierge de l'immeuble
voisin."

Traditionaliste fervent, Siméon Farfelu ne laissait jamais
échapper le jour de Pâques sans cacher le fameux oeuf
de chocolat.

L'année précédant celle dont il est particulièrement
question dans cette histoire, Nadine Farfelu avait peut-
être été un peu déçue. Siméon, très occupé par ses
affaires et devant sortir dans l'après-midi, ne s'était pas
donné la peine de chercher une cachette difficile. Nadine
avait trouvé l'oeuf après cinq minutes dans la casserole
où elle devait faire bouillir le lait. Alors, vous pensez bien
qu'elle devait le trouver avant le petit déjeuner.

---

que voulez-vous que j'y fasse
   what do you want me to do
about it?

le sentier   path

le buisson   bush

mordu   bitten into

jetée à son cou   hugged him

dès le réveil
   as soon as she woke up
se mettait   commençait

hardiment   fearlessly

la coutume   custom

le bout   le morceau

la concierge   doorkeeper
l'immeuble (m)
   apartment building

déçu   désappointé

donné la peine
   taken the trouble
la cachette   hiding
   place
faire bouillir   boil

Elle avait mordu et avait vu ... un billet de cent francs.
Evidemment les effusions eurent lieu, mais avec moins de
conviction que les années précédentes. Elle avait pensé
que Siméon ne s'était pas creusé la cervelle pour une
surprise, qu'il ne connaissait plus ses goûts et qu'un billet
de cent francs, ce n'était pas grand-chose.

Enfin, nous voici arrivés à ce jour de Pâques de l'année
suivante.

Siméon se leva très tôt. Il avait un train à prendre à
7h43. Il devait absolument voir un client à Roubaix. Car
j'oubliais de vous dire que Siméon Farfelu vendait des
navettes à tissage et que les affaires n'étaient pas assez
prospères pour penser à négliger un client. Nadine
préparait le petit déjeuner dans la cuisine. Elle était triste
de penser que c'était la première fois qu'elle ne verrait
pas son mari le jour de Pâques. N'allait-elle pas trouver
l'oeuf traditionnel quand il était là? Sans doute serait-il
obligé de lui dire la cachette avant de partir. Oh! elle
n'attendait pas un cadeau somptueux, surtout depuis
l'année dernière avec le billet de cent francs. Siméon
semblait tellement occupé par ses affaires. "Ça ne va
pas," disait-il souvent et l'argent n'affluait plus comme à
certaines périodes de prospérité de la navette à tisser.

Enfin, l'oeuf n'était pas, cette fois-ci, dans la casserole
à lait.

Siméon se rasait. Il était nerveux et se coupa le
menton. Lorsqu'il eut fini de s'habiller, il rejoignit sa
femme dans la salle à manger.

Nadine voulait remarquer que, pour la première fois ...
Mais elle restait silencieuse, tant elle avait la gorge
serrée.

Devant la fenêtre, l'unique pêcher du jardin balançait
ses petites fleurs roses au premier soleil de la journée.

Siméon Farfelu contemplait longuement sa femme.

— Quand reviens-tu? demanda Nadine.

— Sans doute demain dans la journée, répondit Siméon
assez calme.

— Ah! ...

Elle n'eut pas la force d'ajouter autre chose. Elle ne le
verrait donc pas de la journée.

Le temps passait. Siméon fumait une cigarette. Il
regardait toujours sa femme d'étrange façon. Faisait-il
exprès de ne faire aucune allusion à cette journée?
Nadine se sentait intimidée et, Dieu sait pourquoi, elle
avait envie de pleurer.

Siméon Farfelu se leva. Il jeta un dernier regard vers
l'intérieur de sa valise, puis lui donna un tour de clé.
Nadine lui donna son chapeau. Farfelu regarda
longuement autour de lui, comme s'il cherchait quelque

---

eurent lieu   took place

creusé la cervelle
  racked his brains

la navette à tissage
  weaving shuttle
négliger   neglecting

affluait   flowed

rejoignit   joined

la gorge serrée
  a lump in her throat

le pêcher   peach tree
balançait   waved

exprès   deliberately

se sentait   felt

donna un tour de clé   locked

chose. Puis soudain, il regarda sa montre, embrassa rapidement sa femme et s'en alla.

Et l'oeuf? Ils n'en avaient parlé ni l'un ni l'autre.

Le soleil montait lentement dans le ciel. Nadine, habillée, ouvrit la fenêtre et se mit à réfléchir.

Avait-il oublié? C'était impossible.

Alors, où avait-il pu le cacher?

Dans le jardin? Dans la maison?

Que faire d'autre aujourd'hui que de le chercher? Siméon avait dit qu'il reviendrait demain ... Peut-être était-il parti à la recherche d'un cadeau qu'il n'avait pas eu l'occasion d'obtenir plus tôt. Alors, dans ce cas, pourquoi chercher? Nonchalamment, Nadine descendit au jardin. Ses yeux allaient vers les buissons, ses mains séparaient des branches, ses pieds exploraient l'herbe déjà haut poussée. Il n'y avait pas d'oeuf au jardin. Cette conclusion s'imposa à Nadine lorsqu'elle remarqua que c'était l'heure du déjeuner. Ce fut un maigre et triste repas sur le coin de la table de cuisine. Elle pensait aux cachettes possibles dans la maison. En 37, l'année du bracelet qu'elle portait encore, elle avait trouvé l'oeuf dans son oreiller. Les hommes ne savent pas prendre de précautions ménagères; l'oreiller avait été taché de chocolat. Elle avait bien pardonné. L'année suivante, en 38, elle avait trouvé l'oeuf dans son manteau, lorsque Siméon lui avait proposé une promenade ... A l'intérieur, il y avait un bon pour trois jours au bord de la mer avec lui. Ah! ces trois jours ... Ils avaient retrouvé l'amour des premiers temps ... enfin.

Pendant la guerre, le chocolat était en mauvaise pâte de fruits. Mais elle mordait tout de même dedans, selon leur convention. En 42, elle avait trouvé un paquet de vrai café, qu'il avait acheté au marché noir, connaissant la passion qu'elle avait pour cette boisson. Et, dans le paquet, un petit brillant qu'elle avait fait monter en bague.

Allait-il, cette année, rattraper son manque d'ingéniosité de l'année passée? Ou, absorbé par ses affaires, son geste aurait-il été le même? Et si la coutume n'avait plus d'attrait pour lui? Pourquoi n'avait-il pas parlé ce matin? Il aurait pu dire: "N'oublie pas de chercher l'oeuf."

Parfois, Siméon Farfelu s'était montré taquin. Il ne fallait donc pas s'en étonner.

Vers trois heures de l'après-midi, le téléphone sonna ... Nadine se précipita. Ce devait être Siméon. Aucune voix ne lui répondit. Elle raccrocha.

Par la fenêtre ouverte, une tiédeur envahissait les chambres. Nadine passait de l'une à l'autre se rappelant

à la recherche   chercher

l'oreiller (m)   pillow
ménagères   in the house
taché   stained

le bon   voucher

la pâte de fruits   fruity paste

le marché noir   black market

le brillant   diamond

rattraper   make up for
le manque d'ingéniosité   lack of ingenuity

l'attrait (m)   appeal

taquin   tease
s'en étonner   être surpris

la tiédeur   mildness
envahissait   took over

les années avec son mari, les journées de printemps dans les bois, les fleurs cueillies. Siméon avait toujours été un homme calme et pondéré. Jamais il n'avait fait de reproche, jamais un geste brutal ni même nerveux. Tout en faisant ces réflexions, Nadine cherchait l'oeuf de Pâques que Siméon devait avoir caché.

cueilli   picked

pondéré   level-headed

Comme la journée avançait, Nadine Farfelu s'énervait. Elle ouvrait un tiroir, le vidait et passait au suivant sans avoir rangé les affaires. Ce fut bientôt un désordre indescriptible. Le linge propre se mélangeait au sale. Les provisions de nourritures se mêlaient aux affaires de toilette. Vers le soir, la curiosité devint frénétique. Bien entendu, moins ses recherches étaient ordonnées, moins elle trouvait. Nadine se rendit compte que, les autres années, c'était le regard de son mari et ses sourires qui la guidaient. Il disait aussi: "Il fait froid ... Tu chauffes ... Tu brûles ..."

s'énervait   became irritable

rangé   put back

le linge   linen
se mélangeait
  was getting mixed with
se mêlaient   were mixed with
les affaires (f) de toilette
  toiletry articles
frénétique   frantic
la recherche   search
ordonné   orderly
se rendit compte   realized
chauffes   are "warm"
brûles   are "hot"

Evidemment, toute cette affaire est absurde et Nadine aurait aussi bien fait d'attendre tranquillement le retour de son mari ... Mais les femmes sont curieuses des surprises qu'on leur réserve.

le retour   return

réserve   have in store

Siméon l'avait-il vraiment oubliée?

Non, non, ce n'était pas possible.

Même sans cadeau, sans surprise, il aurait caché l'oeuf traditionnel ... Il était trop méthodique pour ne pas l'avoir fait.

Enfin, je ne veux pas vous faire attendre plus longtemps, ça aurait l'air encore moins vrai.

L'oeuf en chocolat était dans le four de la cuisinière et Nadine ne le trouva que vers huit heures du soir ... bien entendu après avoir ouvert le four au moins dix fois sans le voir. L'oeuf n'était pas très gros.

le four   oven

Tremblante, comme avant d'ouvrir un télégramme, Nadine Farfelu attendit quelques instants. Enfin, elle en mordit un bon morceau (elle n'avait pas encore dîné). Un bout de papier était à l'intérieur. Elle attendit encore pendant qu'elle avalait le chocolat. Enfin, elle déplia le papier. Elle lut ces simples mots: "Je ne t'aime plus."

avalait   swallowed
déplia   unfolded

Quelques secondes après, elle s'écroula.

s'écroula   collapsed

Maintenant, Siméon Farfelu s'appelle Carlos Fernandez, et il vend des navettes à tisser dans Barcelone, se demandant si la strychnine mélangée au chocolat a bon goût.

Vincento

Gabrielle Roy

En repassant, comme il m'arrive souvent, ces temps-ci, par mes années de jeune institutrice, dans une école de garçons, en ville, je revis, toujours aussi chargé d'émotion, le matin de la rentrée. J'avais la classe des tout-petits. C'était leur premier pas dans un monde inconnu. A la peur qu'ils en avaient tous plus ou moins, s'ajoutait, chez quelques-uns de mes petits immigrants, la confusion en y arrivant, de s'entendre parler dans une langue qui leur était étrangère.

Tôt, ce matin-là, m'arrivèrent des cris d'enfant que les hauts plafonds et les murs amplifiaient. J'allai sur le seuil de ma classe. Du fond du corridor s'en venait à l'allure d'un bateau une forte femme traînant par la main un petit garçon hurlant. Tout petit à côté d'elle, il réussissait néanmoins par moments à freiner un peu leur avance. Elle, alors, le soulevait de terre et l'emportait un bon coup encore. Et elle riait de le voir malgré tout si difficile à manoeuvrer. Ils arrivèrent à l'entrée de ma classe où je les attendais en essayant d'avoir l'air sereine.

La mère, dans un lourd accent flamand, me présenta son fils, Roger Verhaegen, cinq ans et demi, bon petit garçon très doux, très docile, quand il le voulait bien — hein Roger! — pendant que, d'une secousse, elle essayait de le faire taire. J'avais déjà quelque expérience des mères, des enfants, et me demandai si celle-ci, forte comme elle pouvait en avoir l'air, n'en était pas moins du genre à se décharger sur les autres de son manque d'autorité, ayant sans doute tous les jours menacé: "Attends, toi, d'aller à l'école, pour te faire dompter."

J'offris une pomme rouge à Roger qui la refusa net, mais me l'arracha une seconde plus tard. Ces petits Flamands d'habitude n'étaient pas longs à apprivoiser, sans doute parce qu'après la terreur qu'on leur en avait inspirée, l'école ne pouvait que leur sembler rassurante. Bientôt, en effet, Roger se laissa prendre par la main et conduire à son pupitre.

Alors arriva Georges, un petit bonhomme silencieux, sans expression, amené par une mère distante qui me donna les détails nécessaires sur un ton impersonnel et partit sans avoir même souri à son enfant assis à son pupitre. Lui-même ne montra guère plus d'émotion, et je me dis que je devrais avoir l'oeil sur lui, qu'il pourrait bien être de ceux qui me donneraient le plus de fil à retordre.

---

en repassant   en me rappelant

la rentrée   return to school

le seuil   threshold
le fond   end
à l'allure de   with the
   bearing of
traînant   dragging
néanmoins   nevertheless
soulevait   lifted
emportait   swept along
un bon coup   a good distance
malgré tout   in spite of
   everything

flamand   Flemish

hein!   eh!
la secousse   jerk
faire taire   quieten

se décharger   get rid of
le manque   lack

faire dompter   be disciplined
net   outright
arracha   snatched
apprivoiser   be tamed

rassurant   reassuring
se laissa conduire
   let himself be led

le bonhomme   guy

le plus de fil à retordre
   the most trouble

Après, je fus entourée tout à coup de plusieurs mères et d'autant d'enfants. L'un d'eux n'arrêtait pas de geindre à petits cris. La triste plainte atteignit Roger, moins consolé que je ne l'avais cru. Il repartit à sangloter en accompagnement de l'enfant inconnu. D'autres qui avaient été tranquilles jusque-là se joignirent à eux. C'est dans cette désolation que je devais procéder à l'inscription. Et d'autres enfants encore arrivaient qui, se découvrant dans un lieu de larmes, commençaient à chigner.

geindre   whimper
la plainte   wail
atteignit   arriva à
sangloter   sob

se joignirent   joined

l'inscription (f)   registration
se découvrant   discovering
   themselves
un lieu de larmes   a place of tears
chigner   whimper

Alors le ciel certainement me vint en aide, m'envoyant le plus gai petit garçon du monde. Il entra, tout sautillant, courut s'asseoir à un pupitre de son choix et y étala ses cahiers neufs, en riant de connivence avec sa mère qui le regardait faire dans un émoi heureux.

sautillant   skipping

étala   spread out

l'émoi (m)   excitement

— C'est pas mon petit Arthur qui va vous donner pour deux sous de peine, dit-elle. Depuis le temps qu'il désire venir à l'école!

deux sous de peine   a second's
   trouble

La bonne humeur de ce petit garçon faisait déjà son oeuvre. Autour de lui, des enfants, surpris de le voir si content, s'essuyaient le visage du bout de leur manche et commençaient à regarder la classe d'un autre oeil.

l'oeuvre (f)   work

s'essuyaient   wiped
la manche   sleeve

Hélas, je perdis du terrain avec l'arrivée de Renald que sa mère poussait dans le dos en l'accablant de recommandations:

hélas   alas
le terrain   ground
poussait   pushed
accablant   overwhelming

— Il faut venir à l'école pour s'instruire … Sans instruction on n'arrive à rien dans la vie … Mouche-toi et fais bien attention de ne pas perdre ton mouchoir … Ni tes autres affaires qui nous ont coûté cher …

s'instruire   get educated

mouche-toi   blow your nose

Ce petit, il pleurait comme sur un ennui qui ne s'arrêtait pas d'un bout à l'autre de la vie, et ses compagnons, sans rien comprendre à cette peine, pleurèrent avec lui, de sympathie, sauf mon petit Arthur qui s'en vint me tirer par la manche et me dire:

l'ennui (m)   worry

— Ils sont fous, hein!

Un peu plus tard, trente-cinq enfants inscrits et à peu près tranquillisés, je commençais à respirer, à espérer la fin du cauchemar, pensant, maintenant j'ai dépassé le plus noir. Je voyais de petits visages m'adresser un premier sourire furtif ou, en passant, une caresse du regard. Je me disais: Nous allons vers l'amitié … lorsque, soudain, du corridor, nous parvint un autre cri de douleur. Ma classe que j'avais cru gagnée à la confiance frémit, lèvres tremblantes, regards fixés sur le seuil. Alors parut un jeune père auquel était accroché un petit garçon, son expression si animée, aux mêmes yeux sombres et désolés, à l'air souffreteux, qu'on aurait pu avoir envie de sourire si ces deux-là n'eussent exprimé,

inscrit   enrolled

respirer   breathe

le cauchemar   nightmare
dépassé   gone through

frémit   trembled

accroché   hanging

souffreteux   destitute

eussent   avaient

l'un autant que l'autre, la douleur de la séparation.

Le petit, cramponné à son père, levait vers lui un visage inondé de larmes. Dans leur langue italienne, il le suppliait, à ce qu'il me parut, de ne pas l'abandonner, par la grâce du ciel de ne pas l'abandonner!

Presque aussi bouleversé, le père s'efforçait de rassurer son petit garçon. Il lui passait la main dans les cheveux, sur les joues, lui essuyait les yeux, le berçait de mots tendres plusieurs fois répétés qui semblaient signifier: "Tout ira bien ... Tu verras ... C'est ici une bonne école ... Benito ... Benito ..." insistait-il. Mais l'enfant lançait toujours son appel désespéré:

— La casa! la casa!

Je reconnaissais à présent un immigrant des Abruzzes depuis peu arrivé dans notre ville. N'ayant pas encore trouvé à y exercer sa profession, il se livrait ici et là à différents travaux. C'est ainsi qu'un jour j'avais pu le voir occupé à bêcher un carré de terre dans notre voisinage. Je me rappelai qu'il était accompagné de son petit garçon et que tous deux en travaillant n'arrêtaient pas de se parler, pour s'encourager l'un l'autre sans doute.

J'allai vers eux avec le plus large sourire possible. A mon approche l'enfant cria de peur et se cramponna encore plus fortement à son père à qui il communiqua son tremblement. Je vis que celui-ci n'allait pas m'être d'un grand secours.

Et, en réalité, le père commença à plaider avec moi. Puisque le petit était si malheureux, ne valait-il pas mieux pour cette fois le ramener à la maison, essayer encore cet après-midi ou le lendemain, alors qu'il aurait eu le temps de bien expliquer à l'enfant ce qu'était l'école.

Je les vis suspendus à ma décision, et pris mon courage à deux mains:

— Non, quand il faut couper la branche, rien ne donne d'attendre.

Le père abaissa tristement les yeux, obligé de me donner raison. Il s'efforça de m'aider un peu. Même à deux nous eûmes beaucoup de peine à détacher l'enfant. Le curieux était que tout en s'accrochant à son père, il le traitait à travers ses larmes et ses hoquets de sans-coeur et de vaurien.

Enfin le père fut libre un instant. Je lui fis signe de partir au plus vite. Il franchit le seuil. Je fermai la porte derrière lui. Il la rouvrit d'un doigt pour me désigner le petit du regard en disant:

— C'est Vincento!

Je lui fis comprendre que d'autres détails pouvaient attendre, Vincento ayant presque réussi à m'échapper. Je

cramponné   clinging

inondé   flooded

suppliait   begged

la grâce du ciel
   heaven's sake
bouleversé   upset

berçait   lulled

désespéré   desperate

la casa   la maison

exercer   practise
se livrait   took on
c'est ainsi   so it was
bêcher   digging
le voisinage   neighbourhood

le secours   l'aide

valait mieux   was better

suspendu à   hanging on

couper la branche   cut the
   apron strings
rien ne donne   it's no good
abaissa   lowered
donner raison   agree with
détacher   in prying free

traitait   appelait
à travers   through
le hoquet   hiccup
le sans-coeur   heartless person
le vaurien   bum
fis signe   signaled
franchit   passa
désigner du regard   montrer
   avec les yeux

le rattrapai à la dernière minute et refermai la porte. Il s'y rua tout en se haussant pour atteindre la poignée. Maintenant il ne criait ni ne pleurait, toute son énergie concentrée à se sortir d'ici. Le père ne s'en allait toujours pas, cherchant à voir par le haut vitré de la porte comment se comportait Vincento. A son visage anxieux on eût dit qu'il ne savait ce qu'il souhaitait. Et encore une fois le petit fut sur le point de filer sous mes yeux, ayant réussi à faire tourner la poignée. Alors je donnai un tour de clé à la porte et mis la clé dans ma poche.

Pour l'instant, Vincento pensait, ses immenses yeux étudiant la situation. Soudain, avant que j'aie pu le voir venir, il fonça sur moi, m'envoyant rapidement des coups de pied dans les jambes. J'en vis des éclairs, mais ne le montrai pas. Alors, un peu honteux peut-être de son fils ou assuré au contraire qu'il saurait se défendre, le père enfin se décida à partir.

Vincento, sa destinée entre ses seules mains, parut désespérément chercher un plan d'attaque, une stratégie, puis, comme s'il n'y avait vraiment rien devant lui, il poussa un terrible soupir, son courage l'abandonna. Il ne fut plus qu'une petite créature brisée, sans support ni ami dans un monde étranger. Il courut se blottir sur le plancher dans un coin, la tête cachée dans ses mains, enroulé sur lui-même et gémissant comme un petit chien perdu.

Du moins ce vrai et profond chagrin fit taire net mes pleurnicheurs. Certains enfants, en cherchant mon regard, se donnaient une expression scandalisée comme pour me dire: "C'en fait une manière de se conduire." D'autres, pensifs, considéraient la petite forme écrasée par terre et poussaient aussi des soupirs.

Il était grand temps de faire diversion. J'ouvris une boîte de craies de couleur, invitant les enfants à venir au tableau y dessiner chacun sa maison. Ceux qui d'abord ne comprirent pas le sens de mes mots, comprirent dès qu'ils eurent vu leurs compagnons en train de dessiner des carrés avec des trous pour indiquer portes et fenêtres. Avec joie ils se mirent à faire la même chose et, selon leur conception égalitaire, il parut que tous habitaient presque la même maison.

Je dessinai en haut du tableau un bâtiment qui était ni plus ni moins que les maisons mises bout à bout et les unes au-dessus des autres. Les enfants reconnurent leur école et commencèrent à rire dans leur contentement de se situer. Je traçai maintenant un chemin descendant de l'école vers le bas où étaient les maisons. Mon gai petit élève eut le premier l'idée de se représenter sur cette route par un bâton surmonté d'un rond où les yeux

rattrapai   caught
s'y rua   rushed
se haussant   raising himself
atteindre   reach
la poignée   doorknob

le haut vitré   the glassed upper part
se comportait   was behaving
eût   aurait
souhaitait   wished
filer   escaping
donnai un tour de clé   locked

fonça   rushed
J'en vis des éclairs   I saw stars

brisé   cassé

se blottir   to curl up

enroulé   doubled up
gémissant   moaning

le chagrin   grief
fit taire   silenced
le pleurnicheur   whimperer

C'en fait une manière de se conduire.   What a way to behave.
écrasé   prostrate
grand temps   high time

égalitaire   egalitarian

bout à bout   l'une ajoutée à l'autre

le bâton   stick
surmonté   topped

étaient placés sur les côtés de la tête comme souvent
chez les insectes. Alors tous voulurent être sur cette
route. Elle se couvrit de petits bonshommes s'en allant à
l'école ou en revenant.

se couvrit   was covered

J'écrivis le nom de chacun dans un ballon au-dessus
des images. Ma classe en fut enchantée. Quelques-uns
prirent le plaisir d'ajouter à leur personnage quelque
détail qui le distinguerait des autres. Roger, qui était
arrivé en chapeau de paille de fermier, travailla bien fort
à mettre un chapeau sur le bâton qui le représentait. Cela
fournit le curieux spectacle d'une énorme boule se
mouvant sur de petits bouts de jambe. Roger se prit à rire
aussi fort qu'il avait pleuré. Une sorte de bonheur
commençait à habiter ma classe.

la paille   straw

fournit   provided
la boule   ball

Je jetai un coup d'oeil sur Vincento. Ses gémissements
devenaient moins fréquents. Sans se hasarder à montrer
son visage, il tâchait entre ses doigts séparés de voir ce
qui se passait et qui apparemment l'étonnait beaucoup.
Surpris à un moment d'entendre rire, il s'oublia à laisser
retomber une de ses mains. Dans un fin regard il comprit
que tous excepté lui avaient leur maison et leur nom au
tableau. Sur son petit visage gonflé et rougi par les
larmes, se montra au milieu de la détresse, le désir d'y
être lui aussi représenté.

un coup d'oeil   a glance
le gémissement   moan

un fin regard   a shrewd glance

gonflé   swollen

Je m'avançai vers lui, un bâton de craie à la main, me
faisant toute conciliante.

— Viens, donc, Vincento, dessiner la maison où tu
habites avec ton papa et ta maman.

J'avançai encore d'un pas. Soudain, il se souleva et, en
équilibre sur un pied, détendit l'autre comme sous la
poussée d'un ressort. Il m'atteignit en pleine jambe de la
pointe de sa bottine ferrée. Cette fois, je ne pus réprimer
une grimace. Vincento en eut l'air content. Quoique le
dos au mur et accroupi, il faisait front, me donnant à
comprendre que de lui à moi ce ne pouvait être qu'oeil
pour oeil, dent pour dent. Peut-être était-ce l'affaire de la
clé qu'il avait tellement sur le coeur. Plus qu'une peine
d'âme, la rancune semblait maintenant le tenir.

en équilibre   balancing
détendit   released
la poussée   thrust
le ressort   spring
atteignit   got
la bottine   boot
ferré   iron-tipped
réprimer   to suppress
accroupi   crouched
faisait front   stood up
avait sur le coeur   was still
    upsetting him

— C'est bon, dis-je, on n'a pas besoin de toi, et j'allai
m'occuper des autres enfants qui, eux, par gentillesse ou
pour se faire bien voir, me montrèrent une plus grande
affection.

se faire bien voir   to win my
    approval

Ainsi, vite malgré tout, passa l'avant-midi. Quand
j'ouvris la porte aux enfants que j'avais fait se ranger par
deux le long du mur, ils commencèrent à sortir en bon
ordre, sans hâte exagérée, quelques-uns s'attardant pour
saisir ma main ou m'annoncer qu'ils reviendraient cet
après-midi; personne en tout cas ne prit la fuite. Hormis

se ranger   line up

sans hâte   without haste
s'attardant   lingering

la fuite   flight
hormis   except

Vincento qui en un bond doubla la classe pour se glisser au dehors avec la prestesse d'une fouine ayant vu le jour de sa liberté.

le bond   leap
doubla   passed
se glisser   slip
le dehors   outside
la prestesse   nimbleness
la fouine   weasel
la mort dans l'âme   très triste

Après le déjeuner, je revins à l'école, la mort dans l'âme. Tout va être à recommencer, me disais-je. Ils vont revenir en larmes, le père, l'enfant. Je vais avoir à les séparer encore une fois, chasser l'un, combattre l'autre. Ma vie d'institutrice se montrait sous un jour accablant. Je me dépêchais pourtant, pour m'armer en prévision de la bataille à venir.

combattre   fight
accablant   oppressive
en prévision   in anticipation

J'arrivai à un coin de l'école. Il y avait là, à quelques pieds du sol, une fenêtre à embrasure profonde. J'y remarquai une toute petite forme tapie dans l'ombre. Dieu du ciel, serait-ce mon petit desperado venu m'attaquer à découvert?

le sol   ground
la fenêtre à embrasure profonde   recessed window
tapi   crouched
l'ombre (f)   shade
à découvert   in the open
hors de   out of
la cachette   hiding place

La petite forme risqua la tête hors de sa cachette. C'était bien Vincento. Ses yeux brillants m'enveloppèrent dans un regard d'une intensité passionnée. Qu'est-ce qu'il pense? Je n'eus pas le temps de penser plus loin. Il avait sauté. Il grimpa à moi comme un chat à un arbre, s'aidant à petits coups de genoux qui m'enserrèrent les hanches, puis la taille. Arrivé au cou, il me le serra à m'étouffer. Et il se mit à me couvrir de gros baisers mouillés qui goûtaient l'ail, le ravioli, la réglisse. J'avais beau, le souffle court, le supplier: "Allons, c'est assez, Vincento …" il me serrait avec une force incroyable chez un si petit être. Et il me déversait dans l'oreille un flot de mots en langue italienne qui me semblaient de tendresse.

grimpa   climbed
à petits coups de genoux   with his knees
enserrèrent   clasped
la hanche   hip
la taille   waist
serra à m'étouffer   hugged me to the point of choking me
l'ail (m)   garlic
la réglisse   licorice
j'avais beau le supplier   I begged him in vain
le souffle court   short of breath
déversait   poured
le flot   flood
lui faire lâcher prise   making him let go
la tape   pat
le serrant à mon tour   squeezing him back
déchirant   heart-rending

Pour arriver à lui faire lâcher prise, je dus l'amener au calme, peu à peu, avec de petites tapes amicales dans le dos, le serrant à mon tour et lui parlant sur un ton affectueux dans une langue qu'il ne connaissait pas plus que je ne connaissais la sienne, j'eus à le rassurer de la peur déchirante qu'il semblait à présent avoir de me perdre.

Enfin il se laissa déposer sur le sol. Il tremblait de cet anxieux grand bonheur qui s'était abattu sur lui. Il me prit la main et me tira vers ma classe plus vite que je n'y avais jamais été de moi-même.

déposer   be put down
s'était abattu   had fallen

Il me conduisit de force à mon pupitre, en choisit un pour lui le plus près possible, s'y assit, les coudes sur la tablette, le visage entre ses mains. Et, faute de savoir me dire son sentiment, il s'abîma, comme on dit, à me manger des yeux.

la tablette   desk top
faute de   for lack of
s'abîma   plunged himself

Pourtant … ensuite … passée cette journée de violence … je ne me rappelle plus grand-chose de mon petit Vincento … tout le reste fondu sans doute en une égale douceur.

fondu   melted
égal   even
la douceur   softness

L'Hôte

l'existentialisme

Albert Camus

Daru est l'instituteur d'une petite école française qui se situe dans une région rude, sèche et solitaire, sur les hauts plateaux d'Algérie. Il regarde deux hommes qui montent lentement la pente à sa rencontre. L'un est à pied, l'autre à cheval.

rude   hard

la pente   slope
à sa rencontre   towards him

   Il sortit et avança sur le terre-plein devant l'école. Les deux hommes étaient maintenant à mi-pente. Il reconnut dans le cavalier, Balducci, le vieux gendarme qu'il connaissait depuis longtemps. Balducci tenait au bout d'une corde un Arabe qui avançait derrière lui, les mains liées, le front baissé. Le gendarme fit un geste de salutation auquel Daru ne répondit pas, tout entier occupé à regarder l'Arabe vêtu d'une djellabah autrefois bleue, les pieds dans des sandales, mais couverts de chaussettes en grosse laine grège, la tête coiffée d'un chèche étroit et court. Ils approchaient. Balducci maintenait sa bête au pas pour ne pas blesser l'Arabe et le groupe avançait lentement.

le terre-plein   terrace
la mi-pente
   halfway up the hill
le cavalier   horseman

lié   tied

la djellabah   loose caftan

grège   raw
le chèche   le turban

   A portée de voix, Balducci cria:
   — Une heure pour faire les trois kilomètres d'El Ameur ici!

à portée de voix
   within call

   Daru ne répondit pas. Court et carré dans son chandail épais, il les regardait monter. Pas une seule fois, l'Arabe n'avait levé la tête.
   — Salut, dit Daru, quand ils débouchèrent sur le terre-plein. Entrez vous réchauffer. *to warm up*

débouchèrent   emerged

   Daru prit la bride, conduisit la bête vers l'appentis, et revint vers les deux hommes qui l'attendaient maintenant dans l'école. Il les fit pénétrer dans sa chambre.
   — Je vais chauffer la salle de classe, dit-il. Nous y serons plus à l'aise.
   Quand il entra de nouveau dans la chambre, Balducci était sur le divan. Il avait dénoué la corde qui le liait à l'Arabe et celui-ci s'était accroupi près du poêle. Les mains toujours liées, le chèche maintenant poussé en arrière, il regardait vers la fenêtre. Daru ne vit d'abord que ses énormes lèvres, pleines, lisses, presque négroïdes; le nez cependant était droit, les yeux sombres, pleins de fièvre. Le chèche découvrait un front buté et, sous la peau recuite mais un peu décolorée par le froid, tout le visage avait un air à la fois inquiet et rebelle qui

l'appentis (m)   shed

dénoué   untied
accroupi   squatted

lisse   smooth

buté   stubborn
recuit   tanned

frappa Daru quand l'Arabe, tournant son visage vers lui, le regarda droit dans les yeux.

— Passez à côté, dit l'instituteur, je vais vous faire du thé à la menthe.

la menthe mint

— Merci, dit Balducci. Quelle corvée! Vivement la retraite. Et s'adressant en arabe à son prisonnier: Viens, toi.

la corvée thankless job
la retraite retirement

L'Arabe se leva et, lentement, tenant ses poignets joints devant lui, passa dans l'école.

Avec le thé, Daru apporta une chaise, mais Balducci trônait déjà sur la première table d'élève et l'Arabe s'était accroupi contre l'estrade du maître, face au poêle qui se trouvait entre le bureau et la fenêtre. Quand il tendit le verre de thé au prisonnier, Daru hésita devant ses mains liées.

trônait était assis
l'estrade (f) platform

— On peut le délier, peut-être.

— Sûr, dit Balducci. C'était pour le voyage.

Il fit mine de se lever. Mais Daru, posant le verre sur le sol, s'était agenouillé près de l'Arabe. Celui-ci, sans rien dire, le regardait faire de ses yeux fiévreux. Les mains libres, il frotta l'un contre l'autre ses poignets gonflés, prit le verre de thé et aspira le liquide brûlant, à petites gorgées rapides.

fit mine de made as if to
agenouillé kneeled

gonflé swollen
aspira sipped
la gorgée gulp

— Bon, dit Daru. Et comme ça, où allez-vous?

Balducci retira sa moustache du thé:

— Ici, fils.

— Drôles d'élèves! Vous couchez ici?

— Non. Je vais retourner à El Ameur. Et toi, tu livreras le camarade à Tinguit. On l'attend à la commune mixte.

livreras will deliver

Balducci regardait Daru avec un petit sourire d'amitié.

— Qu'est-ce que tu racontes, dit l'instituteur. Tu te fous de moi?

te fous te moques

— Non, fils. Ce sont les ordres.

— Les ordres? Je ne suis pas ...

Daru hésita; il ne voulait pas peiner le vieux Corse.

peiner donner du mal
le Corse Corsican

— Enfin, ce n'est pas mon métier.

— Eh! Qu'est-ce que ça veut dire? A la guerre, on fait tous les métiers.

— Alors, j'attendrai la déclaration de guerre!

Balducci approuva de la tête.

— Bon. Mais les ordres sont là et ils te concernent aussi. Ça bouge, paraît-il. On parle de révolte prochaine. Nous sommes mobilisés, dans un sens.

ça bouge there's unrest

Daru gardait son air buté.

— Ecoute, fils, dit Balducci. Je t'aime bien, il faut comprendre. Nous sommes une douzaine à El Ameur pour patrouiller dans le territoire d'un petit département et je dois rentrer. On m'a dit de te confier ce zèbre et de

patrouiller patrol
le zèbre guy

rentrer sans tarder. On ne pouvait pas le garder là-bas.
Son village s'agitait, ils voulaient le reprendre. Tu dois le
mener à Tinguit dans la journée de demain. Ce n'est pas
une vingtaine de kilomètres qui font peur à un costaud
comme toi. Après, ce sera fini. Tu retrouveras tes élèves
et la bonne vie.

tarder   delay
s'agitait   was getting stirred up

le costaud   big guy

Derrière le mur, on entendit le cheval s'ébrouer et
frapper du sabot. Daru regardait par la fenêtre. Le temps
se levait décidément, la lumière s'élargissait sur le
plateau neigeux. Quand toute la neige serait fondue, le
soleil régnerait de nouveau et brûlerait une fois de plus
les champs de pierre. Pendant des jours, encore, le ciel
inaltérable déverserait sa lumière sèche sur l'étendue
solitaire où rien ne rappelait l'homme.

s'ébrouer   snort

s'élargissait   was spreading

régnerait   would prevail

déverserait   would pour
l'étendue (f)   stretch

— Enfin, dit-il en se retournant vers Balducci, qu'est-ce
qu'il a fait?

Et il demanda, avant que le gendarme ait ouvert la
bouche:

— Il parle français?

— Non, pas un mot. On le recherchait depuis un mois,
mais ils le cachaient. Il a tué son cousin.

— Il est contre nous?

— Je ne crois pas. Mais on ne peut jamais savoir.

*A l'étonnement du gendarme, prêt à revenir à son poste,
Daru laisse les mains libres à son prisonnier arabe et
refuse le revolver de Balducci. Ce dernier, ému, avoue
qu'il a toujours eu honte d'attacher un homme et
qu'une telle action le dégoûte profondément. Après le
départ de Balducci, Daru interroge l'Arabe et lui donne
à manger. Tous les deux passent une nuit agitée.*

l'étonnement (m)   la surprise

ému   moved
avoue   admits

dégoûte   disgusts

agité   restless

Quand il se réveilla, le ciel était découvert; par la
fenêtre mal jointe entrait un air froid et pur. L'Arabe
dormait, recroquevillé maintenant sous les couvertures,
la bouche ouverte, totalement abandonné. Mais quand
Daru le secoua, il eut un sursaut terrible, regardant Daru
sans le reconnaître avec des yeux fous et une expression
si apeurée que l'instituteur fit un pas en arrière.

recroquevillé   curled up

secoua   shook
le sursaut   start

— N'aie pas peur. C'est moi. Il faut manger.

L'Arabe secoua la tête et dit oui. Le calme était revenu
sur son visage, mais son expression restait absente et
distraite.

Le café était prêt. Ils le burent, assis tous deux sur le lit
de camp, en mordant leurs morceaux de galette. Puis
Daru mena l'Arabe sous l'appentis et lui montra le robinet
où il faisait sa toilette. Il rentra dans la chambre, plia les
couvertures et le lit de camp, fit son propre lit et mit la
pièce en ordre. Il sortit alors sur le terre-plein en passant

en mordant   biting
la galette   biscuit
le robinet   tap
plia   folded

par l'école. Le soleil montait déjà dans le ciel bleu; une lumière tendre et vive inondait le plateau désert. Sur le raidillon, la neige fondait par endroits. Les pierres allaient apparaître de nouveau. Accroupi au bord du plateau, l'instituteur contemplait l'étendue déserte. Il pensait à Balducci. Il lui avait fait de la peine, il l'avait renvoyé, d'une certaine manière, comme s'il ne voulait pas être dans le même sac. Il entendait encore l'adieu du gendarme et, sans savoir pourquoi, il se sentait étrangement vide et vulnérable. A ce moment, de l'autre côté de l'école, le prisonnier toussa. Daru l'écouta, presque malgré lui, puis, furieux, jeta un caillou qui siffla dans l'air avant de s'enfoncer dans la neige. Le crime imbécile de cet homme le révoltait, mais le livrer était contraire à l'honneur: d'y penser seulement le rendait fou d'humiliation. Et il maudissait à la fois les siens qui lui envoyaient cet Arabe et celui-ci qui avait osé tuer et n'avait pas su s'enfuir. Daru se leva, tourna en rond sur le terre-plein, attendit, immobile, puis entra dans l'école.

L'Arabe, penché sur le sol cimenté de l'appentis, se lavait les dents avec deux doigts. Daru le regarda, puis:

—Viens, dit-il.

Il rentra dans la chambre, devant le prisonnier. Il enfila une veste de chasse sur son chandail et chaussa des souliers de marche. Il attendit debout que l'Arabe eût remis son chèche et ses sandales. Ils passèrent dans l'école et l'instituteur montra la sortie à son compagnon.

—Va, dit-il.

L'autre ne bougea pas.

—Je viens, dit Daru.

L'Arabe sortit. Daru rentra dans la chambre et fit un paquet avec des biscottes, des dattes et du sucre. Dans la salle de classe, avant de sortir, il hésita une seconde devant son bureau, puis il franchit le seuil de l'école et boucla la porte.

—C'est par là, dit-il.

Il prit la direction de l'est, suivi par le prisonnier. Mais, à une faible distance de l'école, il lui sembla entendre un léger bruit derrière lui. Il revint sur ses pas, inspecta les alentours de la maison: il n'y avait personne. L'Arabe le regardait faire, sans paraître comprendre.

—Allons, dit Daru.

Les deux hommes marchent pendant deux heures, en descendant vers le sud. D'une sorte d'éminence, ils peuvent voir la plaine basse où l'on distingue au loin quelques arbres maigres et des amas rocheux.

---

inondait   flooded
le raidillon   rise

le caillou   pebble
s'enfoncer   burying itself

maudissait   cursed

s'enfuir   to escape

penché   leaning forward

enfila   mit

franchit   crossed
le seuil   doorstep
boucla   fastened

les alentours (m)
   surroundings

l'amas (m)   mass
rocheux   rocky

Daru inspecta les deux directions. Il n'y avait que le ciel à l'horizon, pas un homme ne se montrait. Il se tourna vers l'Arabe, qui le regardait sans comprendre. Daru lui tendit un paquet:

— Prends, dit-il. Ce sont des dattes, du pain, du sucre. Tu peux tenir deux jours. Voilà mille francs aussi.

> tenir   hold out

L'Arabe prit le paquet et l'argent, mais il gardait ses mains pleines à hauteur de la poitrine, comme s'il ne savait que faire de ce qu'on lui donnait.

> à hauteur   at the level

— Regarde maintenant, dit l'instituteur, et il lui montrait la direction de l'est, voilà la route de Tinguit. Tu as deux heures de marche. A Tinguit, il y a l'administration et la police. Ils t'attendent.

L'Arabe regardait vers l'est, retenant toujours contre lui le paquet et l'argent. Daru lui prit le bras et lui fit faire, sans douceur, un quart de tour vers le sud. Au pied de la hauteur où ils se trouvaient, on devinait un chemin à peine dessiné.

> sans douceur   roughly
> devinait   made out

— Ça, c'est la piste qui traverse le plateau. A un jour de marche d'ici, tu trouveras les pâturages et les premiers nomades. Ils t'accueilleront et t'abriteront, selon leur loi.

> le pâturage   pasture land
> accueilleront   will welcome
> abriteront   will shelter

L'Arabe s'était retourné maintenant vers Daru et une sorte de panique se levait sur son visage:

— Ecoute, dit-il.

Daru secoua la tête:

— Non, tais-toi. Maintenant, je te laisse.

Il lui tourna le dos, fit deux grands pas dans la direction de l'école, regarda d'un air indécis l'Arabe immobile et repartit. Pendant quelques minutes, il n'entendit plus que son propre pas, sonore sur la terre froide, et il ne détourna pas la tête. Au bout d'un moment, pourtant, il se retourna. L'Arabe était toujours là, au bord de la colline, les bras pendants maintenant, et il regardait l'instituteur. Daru sentit sa gorge se nouer. Mais il jura d'impatience, fit un grand signe, et repartit. Il était déjà loin quand il s'arrêta de nouveau et regarda. Il n'y avait plus personne sur la colline.

> sa gorge se nouer
>   a lump in his throat

Daru hésita. Le soleil était maintenant assez haut dans le ciel et commençait de lui dévorer le front. L'instituteur revint sur ses pas, d'abord un peu incertain, puis avec décision. Quand il parvint à la petite colline, il ruisselait de sueur. Il la gravit à toute allure et s'arrêta, essoufflé, sur le sommet. Les champs de roche, au sud, se dessinaient nettement sur le ciel bleu, mais sur la plaine, à l'est, une buée de chaleur montait déjà. Et dans cette brume légère, Daru, le cœur serré, découvrit l'Arabe qui cheminait lentement sur la route de la prison.

> ruisselait   was dripping
> la sueur   sweat
> gravit   climbed
> à toute allure   at full speed
> essoufflé   out of breath
> la buée   steam
> le cœur serré   feeling heartsick

Un peu plus tard, planté devant la fenêtre de la salle de

classe, l'instituteur regardait sans la voir la jeune lumière bondir des hauteurs du ciel sur toute la surface du plateau. Derrière lui, sur le tableau noir, entre les méandres des fleuves français s'étalait, tracée à la craie par une main malhabile, l'inscription qu'il venait de lire: "Tu as livré notre frère. Tu paieras."

Daru regardait le ciel, le plateau et, au-delà, les terres invisibles qui s'étendaient jusqu'à la mer. Dans ce vaste pays qu'il avait tant aimé, il était seul.

bondir   bounce

le méandre   meandering
s'étalait   was spread out
malhabile   untrained

le libre arbitre (free will)

La Bagosse

Roger Fournier

Midas avait horreur de l'ennui et de la misère. Pourtant, il était cultivateur dans le bas fleuve, sur une terre au ventre sec qui ne rapportait jamais beaucoup plus que trois ou quatre fois la semence. Son père était mort en lui laissant le bien paternel, ses frères et ses soeurs étaient partis, puis il était resté avec sa femme et ses enfants qui se multipliaient sans cesse, fruits des généreuses entrailles de la "grosse Germaine." Plus les années passaient, plus la terre semblait se dessécher, plus il se désespérait. Après vingt années de labeur, Midas n'avait connu que deux ou trois fois le plaisir de moissonner à pleine faux et d'engranger à plein fenil.

A quarante ans, il avait déjà douze enfants autour de la table, des dettes au magasin général, de maigres récoltes en perspective, et pour mettre le comble à tout ça, un procès à propos du "fronteau" de son lot à bois; procès qu'il avait gagné mais qui lui avait coûté du temps, donc de l'argent, et qui avait fait de son voisin en forêt, Julien-la-Patte-Croche, un ennemi mortel. Bref, pour Midas qui aimait le plaisir, le passé était lourd de misère, le présent sentait le malheur, et l'avenir était un gouffre qui allait probablement l'engloutir avec toute sa famille.

Cet automne-là, Midas partit pour aller bûcher dès les premières gelées, avec Simon le plus vieux de ses fils. Au lieu de s'arrêter au camp, comme d'habitude, ils allèrent tout de suite à la cabane à sucre. Midas avait une érablière sur son lot à bois. Comme le bois d'érable se vendait bien pour le chauffage, il avait décidé de la bûcher. "De toutes façons, pensait-il, pour ce qu'on en fait, du sucre d'érable … Y'a ben dix ans qu'on n'a pas entaillé …"

C'était vrai. Il n'entaillait plus parce que c'était trop difficile: faire les sucres pour lui, ça voulait dire emprunter les chaudières (il n'avait pas les moyens de s'en acheter), et se faire mourir à "bidonner" (recueillir l'eau) avec un chien attelé à un petit traîneau, parce que toute son érablière était éparpillée sur des pentes. Impossible d'y aller avec un cheval.

Dans la cabane, tout était en place: renversée sur sa base, la grande bouilloire faisait étrangement résonner les paroles échangées par le père et le fils. Gris de poussière, le gros chaudron noir dormait. Dans un coin étaient rangés les seaux de bois, "les scieaux à bidonner,"

la bagosse (C)*
    homemade whisky
l'ennui (m)   la difficulté
la misère   la pauvreté
au ventre sec   infertile
la semence   seed
le bien   property

les entrailles (f)   womb

se dessécher   to dry up

se désespérait   despaired

moissonner à pleine faux
    to have a good harvest
engranger à plein fenil
    to fill the barn

la récolte   harvest

mettre le comble à   to top

le procès   trial

le fronteau (C)   property line

le gouffre   chasm

engloutir   to swallow

bûcher (C)   to cut down trees

la gelée   frost

la cabane à sucre   maple sugar
    shack
l'érablière (f)   maple grove
le chauffage   heating
pour ce   for what
y'a ben (C)   il y a bien

entaillé   tapped

les sucres (m)   le sirop

la chaudière   pail

recueillir   fetching
attelé   harnessed
le traîneau   sled
éparpillé   scattered
la pente   hillside

renversé   turned over

la bouilloire   kettle
résonner   echo

la poussière   dust
le chaudron   cauldron
le seau   pail
le scieau (C)   le seau

* un mot employé seulement au Canada

MIDAS

GERMAINE

comme des objets de musée. Un silence mystérieux
régnait sur tout cela. Se retrouvant au milieu de ces
objets qui lui étaient importants, Midas se sentit
soudainement très malheureux. Voilà qu'il se souvenait
de certains événements ... C'était là, sur la banquette de   la banquette   bench
bois, qu'il avait pleuré, à l'âge de cinq ans, parce qu'il
avait mis ses doigts dans la tire trop chaude ... On l'avait   la tire   taffy
consolé, presque dorloté ... Et il allait détruire cette   dorloté   pampered
source de souvenirs pour faire de l'argent! Est-ce que ce
n'était pas un peu criminel? Mais il n'y avait pas d'autre
solution, et il sortit en disant:

—Allons-y. Tant qu'à y être, aussi ben commencer tout'suite.

Mais le bruit sec des érables qui se brisaient sur la terre gelée leur faisait mal. C'est peut-être pourquoi les deux hommes travaillèrent si lentement pendant toute la semaine. Le dimanche suivant, après la messe, Midas rencontra Pit Saindon, le boute-en-train du quatrième rang. Après les salutations habituelles, ils en vinrent tout naturellement au travail:

—J'ai commencé à bûcher mon érablière.

Quand Pit entendit cela, ses yeux s'allumèrent comme deux tisons.

—T'es pas sérieux, Midas! Faut pas faire ça!

—Faut ben! J'ai presque pus de billots su'mon lot, pis c'est l'érable qui se vend le mieux.

Pit était un homme sensible qui comprenait ce genre de raisons, mais il ne pouvait se résoudre à une telle nécessité.

—Fais donc un saut chez nous après souper. J'vas te parler de queuq'chose, lança-t-il à Midas en s'en allant atteler son cheval.

—O.K.

Les deux hommes se séparèrent, déjà unis par un minuscule fil de complicité. Midas arriva chez Pit après le souper, et à peine avait-il salué toute la famille qu'il fut amené au grenier du hangar. Là, le boute-en-train souleva une vieille toile de moissonneuse, et éclaira une étrange construction de tôle.

—Un alambic!

—Ouais ... Moé, j'ai jamais pu m'en servir parce que j'avais pas la place qu'i fallait. Mais toé tu l'as: ta cabane à sucre ... Ça fait que si tu veux on s'associe: toé tu fournis l'endroit, moé la machine, on donne chacun la moitié de ce qui faut pour que ça marche, et on divise le produit ...

—Ouais ...

Midas en avait mal à la tête. Jamais il n'avait pensé à une chose pareille, car dans toute la paroisse, rien ne pouvait être considéré comme plus laid que "l'usage de la boisson." Il aimait bien prendre un p'tit coup de temps en temps, Midas, mais faire de la "bagosse," c'était différent. Si jamais on découvrait l'affaire, c'était la police ... D'autre part, si on menait l'entreprise à bien, elle pouvait sortir la famille du trou.

—Je te donnerai une réponse dimanche, finit-il par dire, et il partit. Pit écouta le trot du cheval qui résonnait dans la nuit froide, tout en pensant qu'il allait, au moins une fois avant de mourir, connaître l'excitation de faire quelque chose de défendu. "Faut s'amuser su'a terre

---

tant qu'à y être   if it has to be
aussi ben commencer tout'suite   may as well start now
se brisaient   were crashing

le boute-en-train   the life of the party

le tison   embers

pus   plus
le billot   log
su'mon   sur mon
pis   puis
sensible   sensitive
se résoudre à   to bring himself to
fais un saut   drop over
queuq'chose   quelque chose

le fil   thread

le hangar   shed
la toile   tarpaulin
la moissonneuse   reaping machine
éclaira   threw light on
la tôle   sheet metal
l'alambic (m)   a still
ouais   oui
moé   moi
qu'i   qu'il
toé   toi

la paroisse   parish

un coup   drink

menait à bien   were successful with

défendu   forbidden
su'a   sur la

pendant qu'on y est, parce que su'l yâbe, ça'pas l'air ben drôle," disait-il souvent dans les joyeuses réunions.

su'l yâbe chez le diable

Evidemment, Midas ne put résister à la tentation, et la coupe du bois s'éloigna bientôt de l'érablière. Dès les premières neiges, l'alambic fut monté en traîneau et en grand secret jusqu'à la cabane. Seul Simon savait l'affaire. A la fin de mars, quand vint le temps des sucres, Midas dit à sa femme:

la coupe cutting

—J'pense qu'on va entailler c't'année.

c't' cette

—Comment, entailler! Mais t'as bûché l'érablière!

—J'en ai bûché un peu, mais rien que les plus mauvais, j'ai pas pu m'empêcher de garder mes belles érables. Pit Saindon va me prêter ses canisses, parce que lui i'a pus d'érablière, et on va faire les sucs ensemble.

la canisse (C) pail
i'a pus il n'a plus
les sucs (m) les sucres

—C'est pas une mauvaise idée, répondit la grosse Germaine, qui prépara joyeusement le bagage des hommes, quand vint le temps de partir pour la cabane.

Mais cette année-là, la saison des sucres fut bizarre.

—Ça coule pas! se plaignait Midas, à peine si on peut bouillir une fois par semaine.

coule flow
se plaignait complained
bouillir boil

—Pourtant, ça coule chez les voisins, s'étonnait Germaine. T'auras ben toujours la malchance attachée su'l dos, mon pauv'vieux ... Et maintenant elle lui préparait ses provisions en maugréant, disant qu'il aurait "été aussi ben de la bûcher complètement, son érablière." Dès qu'il avait quitté sa femme, Midas perdait sa figure malheureuse. Revenu chez lui, à la maison, le samedi soir pour la messe du lendemain, il repartait le dimanche après-midi. Simon et Pit, eux, restaient à la cabane, dispensés de la messe, car les érables, "on sait jamais quand ça peut se mettre à couler, et i'faut être là pour bidonner ..."

la malchance bad luck
pauv' pauvre
maugréant grumbling

i'faut il faut
bidonner (C) collect it

Bien sûr, Midas et Pit, aidés du fils Simon, n'avaient entaillé qu'une cinquantaine d'érables autour de la cabane, cinquante petits troncs qui coulaient de leur mieux, les pauvres, mais qui ne pouvaient pas donner de quoi envahir le marché national. Il fallait au plus deux jours de travail par semaine aux trois hommes pour recueillir l'eau, bouillir, faire la tire et le sucre. Quand c'était fini, l'alambic prenait gentiment la place de la bouilloire, et là, dans le plus profond secret de la forêt, tels des alchimistes, ils surveillaient fébrilement la mystérieuse transformation de quelques fruits de la terre en un jus qui allait faire chanter les coeurs de toute la paroisse.

envahir to invade

recueillir collect

fébrilement nerveusement

La première fois, il y eut naturellement certains incidents fâcheux. Par exemple, pour savoir si le fruit de leur labeur était à point, il fallut y goûter ... Il y eut donc

fâcheux désagréables
à point just right

dégustation de bagosse, mais dégustation prolongée, de sorte que la première séance d'alchimie se termina par une triple indigestion et un commencement d'incendie qui faillit détruire la cabane. On prit une journée complète pour s'en remettre, et le soir, Midas eut une idée:

— Les gars, faut pus se faire prendre par une affaire pareille. Asteure, quand on va "bouillir," y'en a rien qu'un qui va goûter, pis les deux autres vont dormir. On goûtera chacun not'tour ...

— Ben bonne idée! s'écria Pit aussi joyeusement qu'il put, car il avait encore mal "en-dessous des cheveux." Ainsi, comme on "bouillait" deux fois par semaine, chacun des trois put s'adonner à la dégustation assez souvent, sans mettre la petite industrie en danger.

A Pâques cependant, la situation faillit se gâter sérieusement. Après l'Office du Vendredi Saint, Germaine rencontra la femme de Pit sur "le perron de la messe," et les deux épouses décidèrent que pour le dimanche de Pâques, ce serait une bien bonne idée que d'aller à la cabane avec les enfants, pour goûter au sucre de leur mari. Dans la satisfaction de leur nouvelle occupation, les trois hommes n'avaient pas prévu ce coup-là, de sorte que Midas fut comme paralysé lorsqu'il apprit l'intention des femmes, en arrivant à la maison le Samedi Saint au soir.

— Ouais ... fit-il en se grattant la barbe, qui heureusement était fort longue, car autrement on aurait pu le voir blêmir. Ça n'allait pas du tout! C'était impossible, tout simplement parce que pendant les deux dernières semaines, on avait complètement négligé de recueillir l'eau d'érable, de sorte qu'il n'y avait pas de quoi faire la "plus petite lichette de tire" le lendemain. On avait "bouilli du sérieux" à plein temps, laissant de côté l'eau sucrée, cette chose ridicule ... Surprise par le silence de son mari, Germaine lui dit:

— Comme ça c'est correct pour demain?

— Ma pauv'vieille, ça me fait ben de la peine, mais va falloir attendre à dimanche prochain. Les chemins sont défoncés. Pas moyen de monter là autrement qu'à pied ...

Cet argument était sans réplique et la grosse Germaine dut s'incliner, car la cabane était au moins à deux milles de la maison. Sauvé par son mensonge, Midas partit seul le lendemain, et on passa la semaine à recueillir toute l'eau que les érables voulurent bien donner, afin de faire le plus de sirop possible pour la partie de sucre obligatoire. Tout allait très bien, mais la température se

---

la dégustation   tasting
la séance   session

faillit détruire   almost destroyed

les gars (m)   men
asteure (C)   à cette heure
y'en a rien qu'un   only one

not'tour   à notre tour

mal en-dessous des cheveux
   hangover

s'adonner à   indulge in

faillit se gâter   almost went wrong
l'Office (m) du Vendredi Saint
   Good Friday service
le perron de la messe
   church steps

prévu ce coup-là   foreseen
   that blow

se grattant   scratching

blêmir   devenir pâle

la lichette (C)   le petit morceau

défoncé   full of potholes

s'incliner   accepter
le mensonge   lie

permit une petite plaisanterie: le dégel eut lieu justement pendant cette semaine-là, de sorte que le dimanche suivant, les routes se trouvaient vraiment défoncées, et le voyage des femmes avec les enfants fut très long.

— Comment ça se fait que la neige fond si lentement c't'année! s'étonna Germaine, qui ne comprenait plus rien à la nature.

— C'est parce que ça r'gelé c'te semaine, expliqua Midas qui, debout à l'avant du traîneau, était heureusement trop occupé pour se tourner vers sa femme. Elle ne vit donc pas son embarras.

Rien ne fut découvert par les épouses, car la bagosse avait été enfouie sous la neige, de même que l'usine de transformation. Avant la nuit, Midas reconduisit les visiteurs à la maison, et le lendemain, l'alambic se remit à fonctionner de plus belle pour deux autres semaines, après quoi la sève monta dans les érables et il fallut fermer le chantier. Le temps des sucres était fini. Pour Midas et Pit, le bilan de la saison était assez nouveau: cinquante livres de sucre, cent gallons de bagosse. Cinquante gallons furent cachés dans la cabane, et les deux membres de la société en apportèrent chacun vingt-cinq à la maison, c'est-à-dire dans leur hangar à grain, pour les enfouir dans l'avoine. Puis ce fut le commerce.

— T'aurais pas besoin d'un gallon de sirop d'érable? demandait Midas à un cultivateur qu'il connaissait bien, en sortant de l'église, ou quand on venait chez lui pour affaire. Puis il expliquait que c'était du sirop un peu spécial, "pour lui tout seul." L'autre comprenait quand il enlevait le bouchon du récipient. Discrétion était promise, observée, et tout se passait très bien.

Au cours de l'été qui suivit, il y eut floraison de soirées dansantes. Les violoneux firent fortune et jouèrent avec du feu dans les doigts. Personne n'allait chercher d'alcool à la ville et pourtant, on sortait toujours ivres de ces veillées qui n'en finissaient plus. Monsieur le curé, ignorant tout cela, sentit qu'un vent de bonheur soufflait sur sa paroisse, et il s'en réjouit. Le foin poussait bien, le grain s'annonçait beau, les hommes souriaient, bref, la population entière semblait chanter le plaisir d'exister. Au fait, on travaillait ferme pendant toute la semaine pour avoir le droit de s'amuser encore plus ferme le samedi soir.

Mais la semaine des Quarante Heures est venue jeter une ombre au tableau. Catholiques sincères, presque tous les cultivateurs passèrent par le confessionnal pour s'accuser "d'avoir pris des brosses cinq ou six fois plus

---

la plaisanterie joke
le dégel thaw

r'gelé regelé

enfoui caché

de plus belle plus que jamais
la sève sap
le chantier l'entreprise
le bilan returns

l'avoine (f) oats

le bouchon stopper
le récipient container

la floraison blossoming
le violoneux (m) le joueur de violon

ivre drunk

ignorant ne sachant pas
soufflait was blowing
le foin hay

au fait en effet

ferme dur

l'ombre (f) shadow

pris des brosses (C) tied one on

ou moins chaud mon père." Ce fut un coup très douloureux pour le brave pasteur, car sa paroisse lui sembla complètement envahie par l'alcoolisme. Le dernier sermon de la semaine porta sur la sobriété et fut d'une violence extrême, mais il était un peu tard: les stocks de Midas et Pit se trouvaient déjà épuisés, même tout ce qu'ils avaient caché dans la cabane à sucre. Peu habitués à l'abondance, les paysans avaient flambé leur plaisir.

Puis il y eut l'automne, le long hiver et, lorsque le printemps revint, Midas et Pit ayant oublié le sermon de monsieur le curé, "entaillèrent" de la même façon que l'année précédente. L'esprit est bien à l'aise pour se repentir, mais c'est la chair qui endure la chaleur, le froid et la longueur du temps. D'ailleurs, l'aisance relative apportée aux deux associés par la vente de leur "sirop," avait été une telle bénédiction pour leur famille respective qu'il était impensable de ne pas recommencer. Germaine n'avait rien deviné car son mari avait expliqué ses revenus supplémentaires par des ventes de bois sensationnelles. Comment pouvait-elle douter de la parole de Midas, qui était considéré comme l'un des hommes les plus honnêtes de la paroisse ...

Cette année-là, le produit de la distillation fut à peu près le même que l'année précédente, mais à peine avait-on fermé la cabane après la saison des sucres, que Midas et Pit furent assaillis comme s'ils avaient été les seuls à détenir la clé du bonheur. Si bien qu'au bout d'un mois, les réserves du "grand cru" étaient épuisées, et avant même la venue du premier brin d'herbe, les grandes veillées d'été avaient commencé. Monsieur le curé eut vent de la chose, mais il eut beau prier, faire des sermons tonitruants contre la "boisson," le diable du plaisir avait pris les devants sur lui, et le mal progressait sans cesse.

A la fin de juin, Midas se trouva dans une position alarmante. La plus vieille de ses filles, qui "sortait" avec un brave garçon depuis un an, fut demandée en mariage. On décida que la cérémonie aurait lieu au mois d'août. C'était la catastrophe. Plus une seule goutte de bagosse. Impossible de faire des noces dans ces conditions-là. C'est ainsi qu'au début de juillet, entre les foins et les semailles, on vit partir Midas pour son lot à bois, ayant expliqué à sa femme qu'il allait faire un peu de billots pour payer le mariage et les dépenses que cela occasionne. Lui et son fils Simon bûchèrent comme des enragés pendant une semaine, mais le lundi suivant, ils

chaud ivre

épuisé exhausted

flambé squandered

la chair flesh
l'aisance (f) comfort

impensable unthinkable

assailli pestered
détenir avoir
le cru brewing
le brin blade

eut beau prier asked in vain
tonitruant thundering
pris les devants got
   the upper hand

la goutte drop
faire des noces (f)
   celebrate a wedding
la semaille sowing season

l'enragé (m) le fou

s'enfermèrent dans la cabane à sucre, et au milieu des
vieilles odeurs d'alcools mêlées à celle du sirop d'érable,
l'alambic se remit à fonctionner.

Pendant ce temps-là, Julien-la-Patte-Croche marchait
en forêt pour étudier secrètement les frontières de son
voisin, dans le but de se venger par un autre procès.
Quelle ne fut pas sa surprise d'entendre soudainement,
alors qu'il se croyait seul avec le bon Dieu, le petit refrain
suivant, qui sortait de la cabane de Midas:

dans le but de se venger
  with the intention of seeking
  revenge

> La bagosse est une liqueur
> Qui vous met la joie au coeur,
> Buvez-en mes chers amis,
> Vous perdrez tous vos soucis.
> Autrement vous mourrez tous,
> Sans avoir eu l'temps d'faire ouf . . .

la liqueur   la boisson

le souci   worry

faire ouf   dire un mot

Caché derrière un érable, Julien vit la fumée sortir du
toit de la cabane, puis Midas ouvrir la porte, s'appuyer
mollement à un arbre, boire le contenu d'une tasse et
entonner encore une fois le petit refrain qu'il avait
composé, inspiré par les vapeurs de l'alcool et la joie des
noces futures. Enfin, Julien le tenait! Ce qu'il venait de
découvrir valait mieux que tous les procès du monde!
Ivres, Midas et son fils n'entendirent pas le craquement
des branches qui se cassèrent lorsque Julien s'éloigna, et
trois jours plus tard, ils revinrent à la maison avec
plusieurs voyages de billots, plus cinq beaux gallons de
divine liqueur.

la fumée   smoke
s'appuyer à   lean against
mollement   faiblement
entonner   commencer à chanter

La grosse Germaine avait annoncé que ce serait une
noce sans boisson, car il était indigne de "se déranger"
dans des circonstances pareilles . . .

se déranger   get drunk

— Ben certain! avait approuvé Midas, qui s'était vite
retourné pour rire dans sa barbe: c'était la première de
ses filles qu'il mariait, et il n'avait pas l'intention de voir
ses invités mourir d'ennui.

rire dans sa barbe
  laugh up his sleeve

Par un matin plein de soleil, le vingt août exactement,
les deux familles en cause ainsi que leurs amis entrèrent
à l'église et prirent place dans les deux rangées centrales.
Comme on le faisait alors à la campagne, le mariage eut
lieu à huit heures du matin, de sorte qu'à neuf heures
trente, on était déjà revenu chez Midas et la noce
commençait. Germaine avait inspecté minutieusement
toutes les cachettes possibles, et elle avait constaté, avec
un grand sourire de soulagement, que personne n'avait
apporté de bière ni de whisky: le lendemain, elle

en cause   en question

la cachette   hiding place
constaté   established
le soulagement   relief

pourrait marcher la tête haute, sans avoir honte de ses noces …

Dès que fut terminé le défilé devant les mariés, Germaine alla surveiller les préparatifs du repas et Midas sortit de la maison pour s'occuper des nombreux invités qui flânaient autour des bâtiments. Lorsqu'il annonça qu'il allait faire visiter son extraordinaire récolte de foin, tout le monde comprit.

le défilé devant les mariés the reception line
surveiller to supervise
flânaient sauntered

—Va falloir venir voir ça sur le fenil, mais un par un, parce que c'est dangereux de mettre le feu, dit Midas en s'en allant vers la grange. Et le défilé commença. Les cinq gallons étaient enfouis dans une tasserie pleine de foin, à la hauteur du fenil. Tout près de la cachette, il y avait comme par hasard un bidon d'eau fraîche et une tasse. Midas vantait la qualité de son foin à l'invité qui se présentait, sortait le récipient et versait rapidement dans la tasse. L'autre n'avait plus qu'à prendre la quantité d'eau qu'il voulait, faire cul sec et sortir du fenil en faisant des commentaires élogieux sur le foin. Cette dernière partie de l'opération était absolument nécessaire, car il y avait parfois un enfant qui survenait et il était difficile de l'envoyer à la maison sans prétexte valable. De temps en temps, il va sans dire que Midas en avalait une petite goutte.

le fenil hayloft
la grange barn
la tasserie (C) crib
vantait praised
faire cul sec drink in one gulp
élogieux flattering
survenait arrived unexpectedly
valable valid
avalait swallowed

Tout marcha très bien, mais au moment de faire manger la première tablée, Germaine ne trouva pas son mari. D'autre part, les quelques hommes qu'elle vit entrer dans la grande cuisine avaient la démarche mal assurée, le verbe haut et le propos grivois.

la démarche gait
le verbe haut ils parlaient fort
le propos grivois suggestive remarks

—Ben doux Jésus! Qu'est-ce qui se passe? Julienne, trouve-moi ton père tout de suite! Faut qu'i soit à table avec les mariés, dit-elle à l'une de ses filles.

qu'i qu'il

Midas était à son poste et tenait bien le coup, mais il commençait à "fatiguer" un peu.

tenait le coup was able to cope

—Ben certain, qu'on va y aller, dit-il à Julienne. J'commence à avoir l'estomac dans les talons …

avoir l'estomac dans les talons avoir très faim

Il faut dire que la bagosse est un apéritif assez violent. Appuyé au bras d'un invité, Midas fit son entrée dans la cuisine en chantant: "La bagosse est une liqueur …"

—Midas, c'est pas le temps de chanter! cria Germaine en l'apercevant, complètement suffoquée. Elle n'avait jamais vu son mari dans un tel état.

suffoqué choked with anger

—Comment, pas le temps de chanter! Si on se lâche pas aujourd'hui, je me demande quand ça va être permis, répliqua Midas en s'écrasant près de la mariée. Il lui tira légèrement l'oreille et lui prit une bonne pincée dans la cuisse:

se lâche let yourself go
s'écrasant sitting down
la pincée pinch
la cuisse thigh

—T'as peur à tes fesses hein, ma nond'yeuse.

as peur à are afraid for
les fesses (f) buttocks
ma nond'yeuse you devil, you!

La mariée rougit, éclatant de rire. Midas s'adressa au marié:

— Mangeons, mon Ti-Jules, parce que tu vas en avoir besoin pour passer la nuitte qui t'attend ...

la nuitte (C)   la nuit

— Midas, cria Germaine ...

— Voyons, voyons sa mère. Tu chantais pas su'l même ton le jour de nos noces, hein? Veux-tu qu'on se r'fasse trois quatre enfants c'te nuitte?

Eclat de rire général. L'esprit en fête, les hommes mangèrent comme des Gargantua, cependant que Germaine, furieuse de ne pas savoir d'où venait la "maudite boisson," entendit à peine les propos rabelaisiens de son mari qui, maître de la maison, se sentait le droit d'être plus grivois que les autres.

l'éclat (m)   burst
l'esprit (m) en fête   in a festive mood

maudit   damned
rabelaisien   risky

On se leva de table au bout d'une heure et d'autres vinrent prendre la place, plus ivres encore, pour la simple raison qu'on savait maintenant où se trouvait la petite fontaine mystérieuse. Il eut été ridicule de se priver, pendant que d'autres s'empiffraient à table. Après avoir bu son thé, Midas trouva qu'il avait comme une lourdeur sur l'estomac. Quand il fut loin de sa femme, il déclara qu'il fallait "prendre un p'tit queuq'chose pour faire descendre ça." C'est donc tout naturellement que les hommes de la première tablée se dirigèrent vers le fenil, pendant que les mariés et les femmes allaient s'asseoir sur la galerie, en attendant que le repas soit terminé et que les violons s'accordent.

se priver   abstain
s'empiffraient   stuffed themselves

s'accordent   are tuned up

Vers trois heures de l'après-midi, la situation se trouva un peu confuse: au moment où les premières notes de la joyeuse musique se faisaient entendre pour le premier quadrille, il y avait une vingtaine de personnes dans la maison mais pas un seul homme, sauf le marié. Alors Germaine décida qu'elle en aurait le coeur net. D'un pas ferme, elle partit en direction de la grange. Mais à peine avait-elle mis les pieds dehors qu'elle entendit un bruit insolite. Elle se retourna. Deux automobiles noires venaient de s'arrêter près de la maison. En voyant le mot POLICE, écrit en lettres blanches sur chaque portière, la grosse Germaine devint toute petite et se mit à trembler. Quatre hommes habillés "comme des soldats" s'approchèrent et demandèrent à voir son mari, pendant que Julien-la-Patte-Croche sortait de l'une des voitures.

le quadrille   square dance

en aurait le coeur net would find out once and for all

insolite   étrange

— Midas doit être à grange j'pense ben. J'allais justement le voir.

— Allons-y.

Sur le seuil du fenil, le spectacle offert aux agents de la Police Provinciale fut convainquant, mais pour Germaine, il fut affolant. On dormait sur des tas de foin, le col de

sur le seuil   à l'entrée

convainquant   damning
affolant   terrifying
le tas   pile
le col   collar

chemise ouvert, la belle habit bleu marin toute fripée, on fumait, assis sur des poutres, le regard vague, la lèvre pendante, d'autres … Enfin, Midas était justement en train de sortir son dernier "gallon de sirop" de la tasserie. Il n'eut pas le temps de le remettre à sa place, même si le choc provoqué par la vue des agents l'avait immédiatement dégrisé. Il restait là, le gallon à la main, pantelant.

la belle habit (C)   le beau complet
bleu marin   navy blue
fripé   crumpled
la poutre   beam
pendant   slack

dégrisé   sobered up
pantelant   panting

— C'est vous, Midas?

— Ouais.

— Ça nous fait ben de la peine de vous déranger, mais vous allez être obligé de venir avec nous. On a quelque chose à vous montrer, dans votre cabane à sucre.

Pour Germaine, c'était du chinois. Les larmes aux yeux, elle marchait sur les talons de son mari en demandant:

— Midas, qu'est-ce que c'est c't'histoire-là?

— Rien, rien, laisse faire. Occupe-toé des noces.

Près de la voiture dans laquelle on le fit monter, Julien était là, le sourire aussi croche que la jambe. Le regard échangé par les deux hommes fut quelque chose de caricatural, tellement il était déformé par la haine.

— Midas! Midas! se mit à crier Germaine qui ne comprenait pas encore, mais y'ont pas d'affaire à t'emmener de même!

Pourtant, il était déjà loin; de même que Julien qui courait en boitillant dans les champs, poursuivi par une dizaine de noceurs qui avaient tout compris.

Dès le lendemain, la nouvelle avait fait le tour de la paroisse et le premier à s'en réjouir fut monsieur le curé. Vers midi, assis à la fenêtre de son presbytère qui donnait sur la route, il vit un boghei passer, puis un autre qui le suivait, puis un autre … et il se mit à les compter. Cinquante voitures passèrent, solennelles, et dans chacune d'elles se trouvait un homme seul, vêtu de noir. "Mais qu'est-ce que c'est que ça? Je suis sûr que mes braves cultivateurs se sont repentis de leur faute et qu'ils vont faire un pèlerinage de réparation à la bonne Sainte-Anne …" pensa le bon pasteur, et il sortit pour aller s'informer auprès d'un vieux rentier qui se berçait sur sa galerie.

— Non, monsieur le curé, i'sont pas partis en pèlerinage … En tout cas, pas le pèlerinage que vous pensez … I'vont à la ville, porter une pétition pour délivrer Midas …

Il paraît que monsieur le curé est allé voir son évêque pour demander à être permuté …

c'était du chinois	it was all Greek to her
croche	crooked
caricatural	grotesque
y'ont	ils ont
de même	comme ça
boitillant	hobbling
poursuivi	pursued
le noceur	wedding guest
le boghei	buggy
solennel	solemn
le pèlerinage	pilgrimage
la réparation	atonement
le rentier	retired man
se berçait	was rocking
l'évêque (m)	bishop
permuté	transferred

Découvertes théâtrales

Florence

Pièce en deux parties et quatre tableaux (extrait)

Marcel Dubé

Décor:
    Chez les Lemieux, Montréal
Date:
    1960
Personnages:
    GASTON LEMIEUX: Le père de Florence
    ANTOINETTE LEMIEUX: La mère de Florence
    PIERRE LEMIEUX: Le frère de Florence
    FLORENCE: Une jeune femme, peu instruite, qui
    travaille comme standardiste et secrétaire chez
    William Miller Advertising. Florence essaie de se
    libérer de la vie étroite et ennuyeuse de ses
    parents et de son travail.

FLORENCE: Papa, j'aurais envie de m'en aller vivre en
chambre.

> aurais envie de   je voudrais

ANTOINETTE: Jamais, ma p'tite fille, jamais! Je sais ce
qui se passe chez les filles qui vivent en chambre!

GASTON: Laisse-la parler, Toinette, veux-tu?

ANTOINETTE: Tu deviens trop tendre, Gaston! Plus ça
va, plus tu te laisses manger la laine sur le dos.

> manger la laine sur le dos
>   exploiter

GASTON: Je vieillis … En vieillissant, on apprend à
être tolérant … On ne l'a peut-être pas été assez
quand on était jeune … Pourquoi tu voudrais rester
en chambre?

> vieillis   am getting old

FLORENCE: Parce que j'en ai assez de ma p'tite vie
plate, parce que j'en ai plein le dos de la maison.

> plat   dull
> plein le dos   assez

PIERRE: C'est toi qui me traitais d'égoïste, tout à

l'heure? Tu pourrais te regarder! Tu ne penses toujours rien qu'à toi.

GASTON: Te mêle pas de ça, Pierrot.

te mêle pas   keep out

FLORENCE: Tu sauras, mon petit garçon, que si ce n'était pas de moi, que si je n'apportais pas une pension chaque mois, tu ne pourrais pas le continuer ton cours secondaire! Pourtant, j'aurais aimé étudier, moi aussi, j'aurais aimé être instruite, mais la chance n'était pas pour moi. J'ai vécu toute ma vie avec cinq frères. Parce que j'étais toute seule de fille, je n'ai jamais eu de considération de personne. Pas plus que de la poussière sur un meuble.

la pension   de l'argent

instruit   educated

la poussière   dust

GASTON: Aujourd'hui encore, t'as l'impression de ne pas être plus que de la poussière sur un meuble? Aujourd'hui encore, Florence?

FLORENCE: Aujourd'hui, je veux avoir ma vie à moi, je veux être libre, indépendante.

GASTON: Je ne t'empêche pas. Mais dis-moi, par exemple, ce que tu peux trouver ailleurs que tu ne trouves pas ici.

empêche   stopping
ailleurs   somewhere else

ANTOINETTE: T'imagine donc pas qu'ailleurs c'est mieux qu'ici.

FLORENCE: Tu parles sans savoir, maman, parce que tu vis dans la même p'tite routine depuis trente ans. Pour toi, le monde s'arrête sur le perron de la porte, tout ce qui peut se passer ailleurs, ça te laisse froide. Non, ça ne te laisse pas froide, ça te fait peur. Tout ce qu'il y a en dehors de ta vie te fait peur, ça ne peut pas être beau, ça ne peut pas être bon.

le perron de la porte
   front porch

en dehors   outside

ANTOINETTE: Continue, attaque-moi … Je me suis dévouée pendant trente ans de ma vie pour tout

dévoué   devoted

donner à mes enfants et c'est la récompense que je reçois.

la récompense   reward

FLORENCE: C'est pas ta faute, maman, je le sais, mais ce que je dis, je le pense. Traite-moi d'ingrate si tu veux, ça m'est égal.

traite   call
ingrate   ungrateful
ça m'est égal   it makes
    no difference to me

GASTON: On sait, ta mère et moi, que tu n'es pas une ingrate. T'as accusé ta mère, maintenant je veux que tu m'accuses.

FLORENCE: Regarde papa, regarde tout ce qu'il y a autour de nous. Regarde les meubles, les murs, la maison: c'est laid, c'est vieux, c'est une maison d'ennui. Ça fait trente ans que tu vis dans les mêmes chambres, dans la même cuisine, dans le même "living room." Trente ans que tu payes le loyer mois après mois. T'as pas réussi à être propriétaire de ta propre maison en trente ans. T'es toujours resté ce que tu étais: un p'tit employé de Compagnie qui reçoit une augmentation de salaire tous les cinq ans. T'as rien donné à ta femme, t'as rien donné à tes enfants que le strict nécessaire. Jamais de plaisirs, jamais de joies en dehors de la vie de chaque jour. Seulement Pierre qui a eu la chance de s'instruire: c'est lui qui méritait le moins. Les autres, après la p'tite école, c'était le travail; la même vie que t'as eue qui les attendait. Ils se sont mariés à des filles de rien pour s'installer dans des maisons comme la nôtre, grises, pauvres, des maisons d'ennui. Et pour moi aussi, ce sera la même chose si je me laisse faire. Mais je ne veux pas me laisser faire, tu comprends papa! La vie que t'as donnée à maman ne me dit rien, je n'en veux pas! Je veux mieux que ça, je veux plus que ça. Je ne veux pas d'un homme qui se laissera bafouer toute sa vie, qui ne fera jamais de progrès, sous prétexte qu'il est honnête; ça ne vaut pas la peine d'être honnête si c'est tout ce qu'on en tire … Je préfère mourir plutôt que de vivre en esclavage toute ma vie.

l'ennui (m)   boredom

le loyer   rent

le plaisir   treat

s'instruire   get an education

la p'tite école
    l'école primaire
la fille de rien
    girl with nothing
s'installer   settle down

se laissera bafouer   will
    let himself be ridiculed
ça ne vaut pas la peine
    it is not worth it
en tire   get out of it
l'esclavage (m)   slavery

ANTOINETTE: Tu ne sais plus ce que tu dis. Tu ne sais plus ce que tu dis parce que tu ne connais rien de la vie. Mais moi je vais t'apprendre ce que c'est. Pour

avoir parlé de ton père comme tu viens de le faire,
faut pas que tu l'aimes beaucoup, faut pas que tu le
connaisses. Je vais te dire ce qu'il est ton père, moi!

faut pas (il ne faut pas)
  you must not

GASTON: Je ne te demande pas de me défendre, ma
vieille. Ce que Florence a dit de moi est vrai.

ma vieille old girl

ANTOINETTE: C'est peut-être vrai dans un sens, mais
ça ne l'est pas dans l'autre … Ton père, Florence, est
d'une génération qui va s'éteindre avec lui … Pas un
jeune d'aujourd'hui pourrait endurer ce qu'il a
enduré. A vingt ans, c'était un homme qui avait déjà
pris tous les risques qu'un homme peut prendre.
Avoir une situation stable, sais-tu ce que ça
représentait alors? T'en doutes-tu? Ça représentait le
repos, la tranquillité, le droit de s'installer et de vivre
en paix. Ton père, Florence … c'est pas un grand
homme. Jamais été riche mais toujours resté
honnête. Trois fois au cours des années, il aurait pu
gagner beaucoup d'argent à travailler pour un
député rouge. Deux fois pour un député bleu. Il
l'aurait achetée sa maison s'il l'avait voulu, mais il a
refusé … Tu peux lui en vouloir pour ça, tu peux
encore lui faire des reproches? … Parle! Réponds!

s'éteindre to die out

t'en doutes-tu?
  do you have any idea?

en paix in peace

au cours de throughout
le député rouge Liberal
  member of Parliament
le député bleu Conservative
  member of Parliament
lui en vouloir bear a
  grudge against him

GASTON: Florence … T'as eu la franchise d'exprimer
ce que tu pensais tout à l'heure, si tu veux
continuer, je suis toujours prêt à t'entendre.

la franchise frankness

FLORENCE: Je n'ai plus rien à dire … j'ai trop parlé
maintenant … je suis allée trop loin … t'aurais pas dû
me laisser faire aussi! (*Elle court vers le couloir
d'entrée, décroche son manteau et sort en courant.*)

le couloir d'entrée
  front hallway
décroche gets down

Fanny

(extrait)

Marcel Pagnol

Décor:
  Chez Panisse à Marseille

Personnages:
  PANISSE: Mari de Fanny, beaucoup plus âgé qu'elle.
  C'est un riche commerçant.   le commerçant   merchant
  FANNY: Femme de Panisse
  MARIUS: Marin   le marin   sailor
  CÉSAR: Père de Marius

Action:
  Fanny et Marius se connaissent depuis leur enfance
  et sont devenus amants.   l'amant (m)   lover
  Marius devient marin et quitte Marseille. Après son
  départ Fanny découvre qu'elle est enceinte.   enceinte   pregnant
  Panisse, un homme plus âgé que Fanny, la demande
  en mariage.
  Fanny lui dit qu'elle va avoir un enfant. Panisse veut
  quand même épouser Fanny et ils se marient.
  Après deux ans, Marius revient à Marseille.

ACTE TROISIÈME

Fin de la scène 8

PANISSE: Ce retour, Marius, il y a deux ans que je   le retour   return
  l'attends. Je peux dire que depuis deux années, pas
  un soir, je ne me suis couché sans penser: "Et si c'est
  demain qu'il revient? Et s'il essaie de tout me
  prendre, qu'est-ce que je vais lui répondre?" Et
  depuis ces deux années, je t'ai préparé toutes mes
  réponses ... Et maintenant que je te vois ici, je ne
  sais plus quoi dire, je suis tout surpris ...

SCÈNE 9
Fanny, Panisse, Marius, César

FANNY: Il n'a pas l'air malade, Honoré. Il est un peu
  rouge, voilà tout.

PANISSE: Et la température?

FANNY: Maman s'en occupe.

> s'en occupe   is taking care of it

PANISSE: Bon. Assieds-toi, Fanny. *(A Marius)*. Alors, toi, en somme, qu'est-ce que tu réclames?

> en somme   in short
> réclames   lay claim to

MARIUS: Ecoutez, maître Panisse. J'ai fait une folie, il y a deux ans. Mais j'ai des excuses. D'abord, Fanny m'avait menti. Ensuite, personne ne savait que cet enfant allait naître. Mais maintenant, parce que j'ai été bête pendant une heure, il faut que la vie de plusieurs personnes soit gâchée?

> la folie   something crazy
>
> gâché   spoiled

PANISSE: Quelles personnes?

MARIUS: Fanny, moi, mon père et mon fils.

PANISSE: Et moi, qu'est-ce que je deviens, là-dedans?

> là-dedans   dans tout cela

MARIUS: Vous, vous avez été heureux pendant deux ans, et vous avez été heureux en faisant une bonne action. Ce que vous avez fait, je vous en remercie. Mais maintenant, il faut prendre votre courage et me rendre ce qui m'appartient.

> remercie   dis merci
>
> appartient   belongs

CÉSAR: Oh! Tu vas vite, Marius!

PANISSE: Oui, il a beaucoup de courage pour les sacrifices qu'il demande aux autres. Mais, voilà ma réponse. Lorsque je vous vois tous les deux, lorsque tu viens me dire que tu veux rester à Marseille, je sens bien que je suis un gêneur ...

> sens   feel
> le gêneur   one too many

FANNY: Honoré!

PANISSE: Oui, je suis un gêneur. Et il y a une chose que je devrais bien faire pour me rendre sympathique: ce serait d'aller me noyer par accident. Je le ferais bien volontiers, Fanny, pour te rendre heureuse. Seulement, si je meurs, je ne verrai plus le petit. Alors, moi, té, je refuse de me noyer. Je le refuse absolument.

volontiers   gladly
rendre   make

té (tiens)   look here

CÉSAR: Mais personne ne te le demande.

PANISSE (*avec douceur*):   Non, personne ne me le demande, mais moi je viens de me le demander. *(Un temps)*. Eh bien, je refuse. D'autant plus qu'il y a peut-être une autre solution. Une solution que j'avais presque acceptée au moment où j'ai épousé Fanny.

la douceur   gentleness

d'autant plus
    especially since

CÉSAR: Quelle solution, Honoré?

PANISSE *(à Marius)*:   Lorsque tu réclames "ta femme et ton fils," tu ne réclames pas ton fils, tu ne sais pas ce que c'est qu'un enfant. Et tu ne réclames même pas ta femme. Ce que tu veux, c'est ta maîtresse. C'est la petite fille que tu embrassais sur les quais en jouant aux cachettes. N'est-ce pas, c'est bien ça que tu veux?

la maîtresse   mistress
le quai   pier
en jouant aux cachettes   while playing hide and seek

MARIUS: Je veux Fanny, parce qu'elle est à moi, parce que je l'aime toujours, parce que ...

PANISSE *(le coupant)*:   ... Oui, je sais, mais de l'aimer, ce n'est pas difficile. Ce qui est important, ce sont ses sentiments à elle. *(Il se tourne vers Fanny.)* Fanny, n'aie aucune pitié pour moi. Si tu aimes toujours ce garçon, si tu crois que ton bonheur est là, tant pis pour moi. Tu sais que tu es libre, tu sais que jamais je ne m'opposerai à un de tes désirs. Si tu veux que nous nous séparions, ce ne sera pas difficile: je prendrai tous les torts sur moi.

coupant   interrupting

le tort   blame

CÉSAR: C'est beau ce qu'il dit. Ce n'est pas égoïste. Mais l'enfant?

PANISSE *(stupéfait)*:   L'enfant?

MARIUS: Eh bien, l'enfant, il est à nous!

PANISSE: Que je donne l'enfant? Pourquoi tu me demandes pas aussi mes yeux, ma rate, mon foie, mon coeur?

la rate   spleen
le foie   liver

MARIUS: Ah! Vous êtes malin, Panisse. Vous faites le grand généreux et vous dites: "Je donne la femme, mais je garde l'enfant." Parce que peut-être, sans l'enfant, la femme ne partira pas … Eh bien, si vous êtes honnête, vous me rendrez mon fils, parce qu'il est mien.

PANISSE: Non, Marius, non Marius! Le petit, tu ne l'auras pas. Peut-être que tu seras plus fort que moi pour parler à sa mère. Si tu restes ici, peut-être qu'elle-même, un jour, viendra pour me le demander … Non. Marius, ne fais pas ça, ne cherche pas à me le prendre. Tu es jeune, si tu veux des petits, tu en auras d'autres. Mais le mien, laisse-le-moi. C'est mon seul, c'est mon unique, c'est mon premier et mon dernier.

FANNY: Honoré, qui peut te le prendre? Tu me connais si peu?

PANISSE *(dans un cri de désespoir)*: Et encore, si c'était un enfant ordinaire, comme ceux que l'on voit dans les jardins publics! Mais justement, celui-là, c'est la merveille du monde!

le désespoir   despair

justement   it so happens
la merveille   wonder

CÉSAR: Ça c'est vrai, Marius. Quand tu étais petit, tu étais beau. Mais celui-là il est peut-être encore plus beau que toi!

PANISSE: Comment? Peut-être? Mais tu peux chercher dans toute la ville de Marseille, tu en trouveras des plus gras et des plus gros, mais des plus beaux, il n'y en a pas! Non, il n'y en a pas! *(Un temps. Tout à coup, Panisse prête l'oreille et dit brusquement:)* Il a toussé!

prête l'oreille   écoute

FANNY: Il a toussé?

CÉSAR: J'ai pas entendu.

PANISSE: Oui, personne ne l'entend, mais moi, je
l'entends! *(Il sort.)*

SCÈNE X
Les mêmes, moins Panisse

MARIUS: Té, le voilà parti?

CÉSAR: Dis donc, si l'enfant a toussé, c'est tout de   dis donc   see here
même plus intéressant que nos histoires!

MARIUS: Mais puisqu'il est mien, cet enfant, ce serait à
moi de me faire du mauvais sang!   me faire du mauvais sang
(Un temps. César le regarde fixement.)   worry
                                                                           regarde fixement   stares

CÉSAR: Et justement, tu ne t'en fais pas!   t'en fais   worry

FANNY: Non, Marius, il n'est pas tien. Tu étais son père
avant qu'il naisse. Mais, depuis qu'il est né …

MARIUS: Quand on est le père de quelqu'un, c'est
pour toujours!

CÉSAR: Quand il est né, il pesait quatre kilos … quatre
kilos de la chair de sa mère. Mais aujourd'hui, il pèse   la chair   flesh
neuf kilos, et tu sais ce que c'est, ces cinq kilos de
plus? Ces cinq kilos de plus, c'est cinq kilos d'amour.
Et pourtant, c'est léger, l'amour! C'est une chose qui
vous environne, qui vous enveloppe, mais c'est   environne   surrounds
mince et bleu comme une fumée de cigarette. Et il   enveloppe   encompasses
                                                                           la fumée   smoke
en faut pour faire cinq kilos … Moi, j'en ai donné ma   il en faut   you need a lot
part; elle aussi. Mais celui qui a donné le plus *(il
montre la porte par où Panisse est parti)* c'est lui. Et
toi, qu'est-ce que tu as donné?

MARIUS: La vie.

CÉSAR: Oui, la vie. Les chiens aussi donnent la vie ...
Les taureaux aussi donnent la vie à leurs petits. Et
d'ailleurs cet enfant, tu ne le voulais pas. Ce que tu
voulais, c'était ton plaisir. La vie, ne dis pas que tu la
lui as donnée. Il te l'a prise: ce n'est pas pareil.

le taureau   bull

pareil   la même chose

MARIUS: Comment! toi aussi! Mais, nom de Dieu, qui
c'est le père? Celui qui a donné la vie ou celui qui a
payé les biberons?

le biberon   baby bottle

CÉSAR: Le père, c'est celui qui aime.

FANNY: Tu étais le père d'un petit bâtard dont la
naissance était un désastre pour une famille. Le père
d'un enfant sans nom, porté par une pauvre fille dans
la honte et le désespoir ... un pauvre enfant
d'hôpital. Où est-il, cet enfant? Il n'existe plus, ce
n'est pas le mien. Le mien il est né dans un grand lit
de toile fine, entre la grand-mère et les tantes. Et il y
avait deux grandes armoires pleines de robes, et de
lainages tricotés par les cousines de Martigues, et les
grand-tantes de Vaison et la marraine de Mazargues.
Et mon beau-frère de Cassis, il était venu tout exprès
pour entendre le premier cri. Et de Marseille
jusqu'en Arles, partout où vivent les parents de mon
mari, il y avait une grande joie dans trente maisons,
parce que dans le lit de maître Panisse, un tout petit
enfant venait de naître, tout juste à la pointe du jour,
le matin des Cloches de Pâques. Va, Marius, tu as les
dents pointues, mais n'essaie pas de mordre des
pierres. Cet enfant, tu ne l'auras pas. Il est planté en
haut d'une famille comme une croix sur un clocher.

le bâtard   l'enfant illégitime

la honte   disgrace

la toile   linen
l'armoire (f)   wardrobe
le lainage   woollen garment
tricoté   knitted
la marraine   godmother
tout exprès   tout spécialement

la pointe du jour   dawn
tu as les dents pointues
   you are greedy
mordre des pierres
   bite off too much
planté en haut
   placed at the top of
la croix   cross
le clocher   steeple

MARIUS: Alors, toi aussi, tu me trahis?

trahis   betray

FANNY: Trahir ton amour ... Non, Marius, je ne l'ai pas
trahi. Puisque ton père est là, puisqu'il me protège
contre notre folie, je peux tout te dire: Marius, je
t'aime toujours, je t'aime comme avant, peut-être
plus encore, et chaque matin, je vois ta figure dans le
sourire de mon fils. Quand tu as paru tout à l'heure

protège   protects

devant cette fenêtre, j'ai cru que je tombais vers
toi … Je ne pouvais plus respirer … mes jambes ne
me portaient plus. Si tu m'avais prise par la main,
sans dire un seul mot, je t'aurais suivi n'importe où,
mais après, Marius? Et mon fils?

respirer   breathe

n'importe où   anywhere

MARIUS *(brutal)*:   Il est nôtre, tu n'as qu'à le prendre.

FANNY: Je n'ai pas le droit. Ni devant la loi, ni devant
le bon Dieu. Lorsque j'étais perdue, Panisse m'a
sauvée, il m'a donné son nom, il m'a rendu le respect
que j'avais perdu. Et pendant la nuit où l'enfant est
né, je tenais sa main et j'enfonçais mes ongles. Le
docteur lui dit: "Elle va vous faire mal …" alors j'ai
lâché cette main, mais il me l'a vite rendue et il m'a
dit: "Griffe-moi, mords-moi si tu veux, plus tu me
feras du mal et plus ce petit sera mien." Et alors,
toute la nuit, sans le vouloir, je lui ai enfoncé mes
ongles … Il en porte encore les marques … ces
marques, c'est lui qui les a, ce n'est pas toi! Marius,
va-t'en sur la mer, c'est là que tu as voulu aller,
laisse-moi ici avec notre enfant. *(Marius regarde son
père, stupéfait.)* Et si ça peut te consoler, pense que
chaque soir, il y a une femme qui pense à toi, une
femme qui voudrait s'étendre contre toi, sentir
l'odeur de tes cheveux et s'endormir dans ta
chaleur.

la loi   law

enfonçais   dug in

lâché   let go
griffe   scratch

s'étendre   to lie down

la chaleur   warmth

MARIUS: Fanny …

FANNY: Une femme qui voudrait s'éveiller le matin
avec ton bras autour du cou, te recoiffer quand tu
t'éveilles et mettre sa main sur tes lèvres encore
toutes molles de sommeil.

s'éveiller   se réveiller
recoiffer   to tidy
   your hair

molles de sommeil
   soft with sleep

*(Marius veut s'élancer vers elle. Son père le retient.
Entre Panisse, il est très pâle, il paraît épouvanté.)*

s'élancer   to rush
retient   holds back
épouvanté   terrifié

Hier les enfants dansaient

Pièce en deux parties (extrait)

Gratien Gélinas

Décor:
>   Le salon, chez les Gravel, à Montréal. De l'élégance,
>   de la chaleur surtout.

la chaleur   warmth

Date:
>   1966

Personnages:
>   PIERRE GRAVEL: Le père d'André et de Larry;
>   avocat bien connu de Montréal; fédéraliste
>   LOUISE GRAVEL: Femme de Pierre Gravel; mère
>   d'André et de Larry
>   ANDRÉ GRAVEL: 23 ans; avocat; séparatiste
>   LARRY GRAVEL: Le plus jeune frère d'André
>   NICOLE: 20 ans; étudiante; elle aime André

l'avocat (m)   lawyer

Résumé des Scènes 1-6:

Scène 1: On offre à Pierre Gravel un poste dans le
>   gouvernement fédéral. Il s'y intéresse beaucoup,
>   mais il hésite à accepter ce poste sans en parler à sa
>   famille. Il veut s'assurer que ce changement dans sa
>   vie ne troublera pas le bonheur de sa famille.

Scène 2: On essaye de persuader à Gravel d'accepter le
>   poste. Gravel exprime sa philosophie politique:
>   — Le séparatisme, je n'y crois pas. . . . A mon avis, ce
>   serait une bêtise innommable. Et une catastrophe
>   qui plongerait la province dans une misère dont on
>   ne verrait jamais la fin. . . . Ça ne veut pas dire que le
>   Canada français va se laisser rouler par l'Establish-
>   ment comme une pâte à crêpe.

la bêtise   stupidity
innommable   unnamable

la pâte à crêpe   dough

Scène 3: Gravel analyse comment sa famille réagirait,
>   s'il aceptait ce poste. Il croit que sa femme en serait
>   contente. Le père dit que Larry, "le moins
>   compliqué" des deux fils, ne s'intéresse pas à la

réagirait   would react

politique. "Sa seule et unique passion ... c'est de composer de la chanson canadienne." Mais André "est ... plus ... difficile d'approche." Il est séparatiste et déteste le fédéralisme. Bien qu'il aime son père, il ne pourrait jamais l'accepter comme membre du gouvernement fédéral.

Scène 4: Nicole, qui est aussi séparatiste, nous en révèle plus long sur le caractère et les activités d'André.

> révèle plus long
> gives more details

Scène 5: André révèle à son père qu'il est chef d'un groupe séparatiste qui fait éclater des bombes. Il dit: "Tu ne peux pas accepter (ce poste) ... ton parti laisserait tomber un candidat dont le fils serait en prison le jour du scrutin, après s'être lui-même reconnu coupable d'activités indépendantistes dites 'criminelles.'"

> fait éclater   explodes
>
> le scrutin   voting

Scène 6: On se dispute sur les principes politiques qui divisent Pierre et André. André essaye d'expliquer pourquoi il est forcé d'être terroriste. Son père proteste qu'il se trompe.

SCÈNE 7:

LARRY *(dans l'entrée, une mallette à la main)*:
    Attention: maman est là.

> la mallette   suitcase

ANDRÉ *(décontenancé par cette arrivée qu'il n'attendait pas)*:   Maman?

> décontenancé   disconcerted

GRAVEL: Oui, ta pauvre mère, qui ne prévoit pas le crève-coeur qui l'attend! *(Larry sort.)*

> prévoit   anticipe
> le crève-coeur   heartbreak

GRAVEL *(venant vers sa femme)*:   Louise, tu croyais venir ici partager avec moi une des grandes joies de ma vie, mais ...

> partager   to share

LOUISE *(l'interrompant, accablée)*:   Je sais. C'est insensé.

> interrompant   interrupting
> accablé   overcome

GRAVEL *(à Louise)*:   Qu'est-ce que nous pouvons bien
    avoir à nous reprocher au sujet de cet enfant-là, pour
    qu'il se venge en nous imposant une croix
    semblable?

> se venge   takes his revenge
>
> semblable   such

LOUISE: André ... pourquoi? ... Pourquoi, mon chéri?

ANDRÉ *(malheureux et perdu)*:   Je ne pensais pas te
    voir là ... je ne pensais pas ...

GRAVEL: Eh! non: tout ce que tu avais en tête c'était ta
    "géniale" machination, qui consiste à tellement
    désirer le bonheur de ses concitoyens qu'on
    commence par ruiner celui de sa propre famille!

> génial   brilliant
>
> la machination   l'intrigue (f)
>
> le concitoyen   countryman

LOUISE: Sans le vouloir, André, qu'est-ce que nous
    t'avons fait de mal, à toi que nous avons tant choyé?

> choyé   made much of

ANDRÉ: Rien, maman. J'ai été le mieux aimé des fils.

GRAVEL: Et c'est ce que tu as imaginé de plus logique
    pour nous remercier?

> remercier   dire merci

ANDRÉ *(tout près de sa mère)*:   C'est d'abord à ta peine
    que j'ai pensé. C'est pourquoi je t'ai écrit, il y a des
    semaines, ce que je ne pourrais pas te dire en ce
    moment. *(Il a sorti une lettre de sa poche et la lui
    présente.)* Lis. Cela t'aidera peut-être à comprendre
    ce qui m'arrive.

> la peine   sorrow
>
> sorti   took out

LOUISE *(lisant)*:   "Tu te souviens: cet été-là, à la
    campagne, j'avais dix ans. Chaque matin, je nageais.
    Et toi, avec patience, tu me suivais à la rame,
    m'exhortant à dépasser chaque fois mon effort de la
    veille. Et, pour ton anniversaire, je t'ai fait le cadeau
    de traverser enfin tout le lac d'une traite. Quand j'ai
    touché l'autre rive, j'ai déclaré fièrement: 'Suis-moi
    toujours et je franchirai plus tard l'océan!' Tu m'as
    embrassé et tu m'as dit: 'Oui, mon cher petit
    homme le traversera un jour, l'océan de sa vie, mais

> suivais à la rame   rowed
>   after me
>
> exhortant   encourageant
>
> dépasser   beat
>
> d'une traite   sans interruption
>
> suis   follow
>
> franchirai   traverserai

pour y parvenir, il faudra d'abord qu'il apprenne à se détacher de ma tendresse.' Moi, près des larmes, j'ai répliqué que tu m'aimais trop pour que je te cause le gros chagrin de t'abandonner. Tu m'as serré dans tes bras et tu m'as fait comprendre que le jour où je devrais m'éloigner de toi, tu serais triste, évidemment, mais jamais autant que s'il te fallait me garder dans tes jupes. Maman, il est passé trop vite, le temps de ma jeunesse heureuse. L'heure est maintenant …" *(Sa voix se brise.)*

> parvenir   arriver
> il faudra   il sera nécessaire
> la larme   tear
>
> serré   pressed
>
> m'éloigner   me séparer
> autant que   as much as
> il te fallait   tu devais
>
> se brise   breaks

GRAVEL: De la rhétorique! Oui, ta mère a fait tout ce qu'elle a pu pour te mettre une tête sur les épaules. Et ce n'est pas sa faute si tu te comportes aujourd'hui comme un galopin halluciné.

> te comportes   behave
> le galopin   delinquent

LOUISE: Mes amours, mes amours! J'avais donc raison de me tourmenter à votre sujet. Les confidences que vous me faisiez l'un et l'autre me confirmaient dans mon pressentiment qu'une tempête s'accumulait entre vous. Mais je ne croyais jamais qu'elle éclaterait avec autant de violence.

> à votre sujet   about you
>
> s'accumulait   was building up
>
> éclaterait   would burst

GRAVEL.   Le scandale! C'est tout ce qu'il souhaitait. Le fils de Pierre Gravel, qui lance une bombe et qui, du même coup, casse les reins à son fédéraliste de père! Plus de doute pour personne et surtout pour soi-même: on n'est pas un maudit couillon!

> souhaitait   désirait
> du même coup   à la même occasion
> casse les reins   ruine
>
> maudit   damned
> le couillon   l'imbécile (m)

LOUISE: Pierre … Ce n'est pas le temps de l'injure. Plus que jamais, c'est celui de l'amour. Laisse-moi lui parler un peu. *(Caressant les cheveux d'André assis près d'elle.)* André, mon chéri, si vous avez eu la chance, ton frère et toi, de grandir dans ce que tu appelais toi-même "ma sérénité," ce n'est pas d'abord à moi que vous le devez: c'est surtout à votre père, qui a fait de moi la plus heureuse des femmes. Alors il m'a été facile de vous aimer … de tout mon coeur, oui, mais simplement comme des fils. *(André prend la main de sa mère et la baise.)* Pour rivaliser avec ton père dans ma tendresse, il a bien fallu que tu te fasses une virilité à l'image de la sienne. Et c'est ainsi que tu es devenu toi-même un homme. Et maintenant, tu te tournes contre lui et tu veux le couvrir de honte.

> l'injure (f)   l'insulte (f)
>
> grandir   grow up
>
> baise   kisses
>
> il a fallu   il a été nécessaire
>
> couvrir   to cover
> la honte   shame

ANDRÉ: Personne n'en est plus malheureux que moi.

LOUISE: C'est le plus intègre des hommes.

intègre   incorruptible

ANDRÉ: Je n'ai aucun grief contre lui, excepté celui
qui nous oppose.

le grief   le reproche
oppose   divise

LOUISE: Pour causer à son père un tort irréparable, il
faut obéir à des impératifs extrêmement graves. Si
les tiens ne l'étaient pas, tu commettrais une action
innommable.

le tort   wrong
l'impératif (m)   reason

ANDRÉ: Et ma bonne foi, à moi, en doutes-tu?

la foi   faith

LOUISE: Non, tu es bien comme lui, je te l'ai dit. C'est
pourquoi je t'aime tant, toi aussi.

ANDRÉ: En me forçant à capituler devant lui, s'il me
faisait, à moi, un tort encore plus grand que celui
que je pourrais lui causer …

LOUISE: C'est impossible …

ANDRÉ: Si je ne pouvais céder sans me détruire moi-
même, quelle ligne de conduite me tracerais-tu, toi
qui m'as toujours enseigné qu'un homme doit, coûte
que coûte, suivre sa propre destinée?

détruire   destroying
tracerais   would set
coûte que coûte   at any cost

GRAVEL: Te détruire toi-même? Mais c'est
précisément l'erreur monstrueuse où je
t'empêcherais de plonger les yeux fermés!

empêcherais   would prevent

LOUISE: André, comment peux-tu mettre en doute la
sollicitude de ton père, quand tu sais qu'il ferait tout
au monde pour vous rendre heureux, Larry et toi?

rendre   make

ANDRÉ *(insistant)*:   Maman, réponds-moi: entre sa

carrière politique tardive, à lui, et ce qui est pour
moi la signification de toute ma vie, qu'est-ce que tu
sacrifierais?

tardive   belated

LOUISE *(perdue devant le dilemme)*:   Je ne sais pas ...

ANDRÉ: Le conflit qui nous divise, lui et moi,
concerne l'avenir, maman, pas le passé. Il s'agit de
bâtir notre monde *à nous*, comprends-tu? Celui où
Nicole, moi et ceux de ma génération devrons vivre,
longtemps après que la sienne, qui s'entête à tout
régler, à tout décider sans nous, sera disparue. Si
nous ne sommes pas d'accord, tant pis, je ne
m'effacerai pas devant lui. Je n'en ai pas le droit!

s'agit   est question
bâtir   build

s'entête   obstinately persists
régler   settle

GRAVEL: Quelle folie!

ANDRÉ *(à sa mère)*:   Quand les ouvriers se sont rebellés
il y a cent ans, parce qu'on les exploitait comme des
esclaves, les capitalistes ont fait comme lui, oui: ils
ont crié à la folie. Quand les femmes ont exigé, il y a
cinquante ans, de devenir autre chose que des
machines à torcher les petits, les mâles ont hurlé
d'indignation, oui. Ça s'est fait quand même. *(A son
père.)* La prochaine offensive, préparez-vous, ce sont
les jeunes qui la livreront!

l'ouvrier (m)   worker

exigé   demandé

torcher   wipe up
s'est fait   s'est passé

livreront   will launch

GRAVEL: Contre les vieux, évidemment?

ANDRÉ: Il est fini, le petit jeu révoltant où ceux qui
font le lit de la politique et de la guerre ne sont
jamais les petits nigauds qui s'y couchent.

le nigaud   idiot

GRAVEL: Il serait beau à voir, votre jardin d'enfants
québécois, fait par des bébés.

ANDRÉ *(à Nicole peut-être)*:   Il n'y a pas si longtemps,
c'étaient les parents eux-mêmes qui choisissaient —
en fonction de leurs propres intérêts et selon leur
convoitise et leur vanité à eux — la fadasse

la convoitise   greed
la fadasse d'héritière
the washed out heiress

d'héritière que leur grand garçon soumis allait épouser "point final, pas de réplique ou on te coupe les vivres!" Maintenant, il y a un petit progrès; sur le plan personnel, la jeunesse a la permission d'organiser sa vie sans trop d'obstruction. Mais sur le plan collectif, tu te fais insulter, mon jeune, si tu refuses de t'accoter pour le reste de tes jours avec la grosse godiche d'un océan à l'autre que papa Pearson a choisie pour toi sans te consulter. *(A son père.)* La fiancée avec laquelle nous passerons notre avenir politique à nous, c'est nous qui la choisirons selon notre mentalité à nous, après l'avoir aimée en fonction de notre âge et non pas du vôtre.

> soumis   docile
> point final   no discussion
> coupe les vivres (m)
>   cut off your allowance
>
> accoter   shack up
> la godiche   simpleton
>
> en fonction de   according to

GRAVEL: Oui, c'est plein de gros bon sens. "Attention, compatriotes bien-aimés, la partie de boxe commence: combat royal à finir entre les pères et les fils du Canada français! L'expérience, la logique et le raisonnement versus l'inconscience, la fatuité et l'ignorance à l'état naturel, c'est-à-dire non polluées par les parents." *(A Louise.)* Se faire débiter des sornettes semblables par son propre fils, quand on a réussi sa vie en dépit de handicaps que lui et les petits pachas de son âge ne connaîtront jamais! *(A André.)* Moi, j'ai sauté dans la vie au plus fort de la Crise. Au lieu d'attendre, les poches bourrées de l'argent de mon père, j'ai dû retrousser mes manches et travailler de nuit au "North Eastern Lunch," à laver la vaisselle pour payer mes études. Réussir simplement à ne pas crever de faim, c'était déjà une chance du bon Dieu. Si on juge la valeur d'un homme aux épreuves qu'il a traversées sans faiblir, vous n'êtes pas de taille à côté de nous dans le "survival of the fittest."

> l'inconscience (f)
>   irrationality
> la fatuité   la vanité
> se faire débiter   to be told
> la sornette   nonsense
> en dépit de   malgré
> le pacha   sheik
> au plus fort   at the height
> la Crise   the Depression
> bourré   rempli
> retrousser   roll up
>
> crever   mourir
> une chance du bon Dieu
>   a stroke of luck
> jauge   mesure
> n'êtes pas de taille
>   no match for

ANDRÉ *(sincère)*:   Oui, vous êtes respectables: vous êtes nés en hiver, au fin fond du bois national. Le simple fait que vous en soyez sortis vivants est déjà en soi un tour de force.

> au fin fond   in the depths

GRAVEL: Commencez donc par vous servir de vos dix doigts. Et vous pourrez peut-être ensuite prétendre que notre génération vous empêche de suivre votre glorieuse destinée d'enfants pourris.

> prétendre   déclarer
>
> pourri   spoiled rotten

ANDRÉ: Il serait injuste de vous le reprocher, évidemment, mais vous avez grandi dans un monde de colonisés, où la soumission et l'à-plat-ventrisme devant l'Anglais étaient enseignés comme des vertus nationales. Et vous voudriez maintenant administrer à votre façon notre héritage national?

le colonisé   colonial
la soumission   submission
l'à-plat-ventrisme (m)
   grovelling

GRAVEL: Oui, mais tout ça est en train de changer!

ANDRÉ: Pour avoir été dominés depuis toujours, vous êtes obsédés par l'idée fixe que vous ne pourriez jamais marcher tout seuls comme de grands garçons. Si Ottawa vous lâche la main, crac! vous êtes sûrs de tomber dans la merde à tout jamais.

obsédé   obsessed

lâche   lets go of

la merde   muck
à tout jamais   pour toujours

GRAVEL *(excédé)*:   Voyons donc!

excédé   exaspéré
Voyons donc!   Come, come!

ANDRÉ: Vous avez le complexe des chiens attachés, qui n'iront jamais plus loin que leur maudite niche, même si on les détache et si on les fouette! Comment pouvez-vous nous conduire vers la liberté? Elle vous épouvante comme la peste et la syphilis combinées.

la niche   doghouse
fouette   whips

épouvante   terrifies
la peste   plague

GRAVEL: C'est de la foutaise!

c'est de la foutaise   Bull!

ANDRÉ: Vous vous plaignez que la jeunesse vous lâche? Mais où voulez-vous qu'elle trouve la confiance aveugle qui pourrait l'entraîner dans votre exaltant sillage? Chez vos compromisards, vos "guérisseux" de la Confédération moribonde, vos boxeurs politiques aux mains attachées par les ficelles du parti?

lâche   is leaving in the lurch
la confiance   faith
entraîner   sweep along
le sillage   wake
le compromisard   compromiser
les "guérisseux" (C)   healers
moribond   dying
la ficelle   string

GRAVEL: A t'en croire, Ottawa serait à la fois la Sodome et la Gomorrhe de la politique canadienne: pas le moindre petit juste, tous des traîtres, des voleurs ou des imbéciles! A détruire par les feux du ciel séparatiste!

pas le moindre petit juste
   not a single honest man
le traître   traitor

LOUISE: André, tu exagères, avec la passion et l'intransigeance de ton âge. Le droit, la vérité ne sont jamais tout entiers d'un seul côté. La vie te l'apprendra cruellement si tu refuses d'en convenir.

> l'intransigeance (f)
> intolerance
>
> convenir   admettre

ANDRÉ: Je n'en ai jamais douté.

LOUISE: Quoi que tu en penses, il y a là-bas des hommes d'honneur et de talent, que l'intérêt des nôtres passionne autant que toi.

> quoi que   whatever
>
> les nôtres   our people

GRAVEL: D'accord, le Canada français a tout un chapelet de griefs. Je suis le premier à en convenir dans ma causerie de demain, avec autant d'amertume que tu pourrais y mettre. Mais, bon Dieu, si nous voulons défendre nos droits, cessons de nous barricader dans les caves du Château de Ramezay et allons ferrailler là où la bataille se livre!

> le chapelet de griefs
>   string of grievances
> la causerie   speech
> avec amertume   bitterly
>
> ferrailler
>   go at it hammer and tongs
> se livre   se passe

ANDRÉ: Aucun gouvernement d'Ottawa ne pourra concéder au Québec la moitié de ce qu'il exige sans se démolir automatiquement.

> se démolir   self-destructing

GRAVEL: Qu'est-ce que tu en sais?

ANDRÉ: Ton propre parti est pris jusqu'au cou dans le dilemme: ou s'aplatir devant la "belle" province et perdre les neuf "laides" du même coup — ou se durcir pour faire plaisir au reste du pays et perdre le pouvoir en même temps que le Québec.

> s'aplatir   to grovel
> la "belle" province   Quebec
> les "neuf" laides
>   the ugly sisters; the other
>   provinces
> se durcir   to get tough

LOUISE: André, malgré ce que tu as dit — et qui m'a ouvert les yeux sur bien des points — je crois encore que ton père a raison d'affirmer que, par des chemins différents, il atteindrait là-bas les mêmes fins que toi.

> atteindrait   arriverait aux

ANDRÉ: Non, maman: il y perdrait le reste de sa bonne vie d'honnête homme, à voir s'il n'y aurait pas moyen de moyenner avec le Canada anglais. "Des fois … on

> moyenner   negotiate

ne sait jamais … au cas où, par hasard …" Il
donnerait un petit coup de gueule en français par ci,
suivi d'une courbette en anglais par là. Et il serait
tout fier, une fois par trois sessions, d'obtenir une
"réformette," qui empêcherait le Québec de gueuler
trop fort mais sans nuire aux chances des libéraux
en Ontario, à Terre-Neuve, en Alberta, en Nouvelle-
Ecosse, en Colombie-Britannique … et autres coins
charmants du pays de nos ancêtres!

le coup de gueule outburst
la courbette grovelling

"la réformette" teeny-weeny reform
gueuler protester
nuire harming

l'ancêtre (m) ancestor

GRAVEL: Tu ne sais pas ce que tu dis!

ANDRÉ: Des réformettes, certain que tu en
obtiendrais, avec des tapes dans le dos et des
sourires en coin by the dozen! "Sure, Pierre, but
what does Quebec really want after all? Be a good
boy and state it over again, will you? No, we don't
get you. Why don't you try spelling it backwards for
a change? But don't worry, Pierre: believe it or not,
we have big plans for you. The time is coming damn
fast when we'll be ready to kick you right in the ass!"

la tape slap
le sourire en coin broad smile

GRAVEL *(à Louise)*:   Tu l'entends?

ANDRÉ: Encore trente petites années. Au train où
fonctionnent l'immigration et le système des pilules,
les sociologues les plus sérieux assurent qu'à la fin
du siècle, les maudits "French Pea Soup" ne
compteront plus que pour dix-sept pour cent dans la
population totale du pays.

au train où at the rate
la pilule pill

le pour cent percent

LOUISE: André, la partie est trop inégale. Cet
affrontement, toi, tu le redoutais et tu t'y préparais
depuis longtemps déjà. Nous, il nous frappe comme
le tonnerre et nous paralyse. Mais tout ce que je
voudrais pouvoir te crier pour te retenir, et que je
ne trouve pas dans ma pauvre tête vide, m'obsédera
sans répit, j'en suis sûre, pendant des semaines et
des mois … quand il sera trop tard, quand je passerai
mes nuits à t'imaginer sur ton grabat, toi, mon
écureuil agile, mon bel oiseau farouche … encagé,
étouffé, ankylosé derrière les barreaux d'une prison!

inégal unequal
l'affrontement (m) confrontation
redoutais dreaded
le tonnerre thunder

le grabat cot
l'écureuil (m) squirrel
farouche sauvage
étouffé smothered
ankylosé paralysé
le barreau prison bar

(Après le sanglot que Nicole n'a pu étouffer | le sanglot   sob
complètement.) Oui, ma petite Nicole: il nous
séduit, l'orgueil des hommes, mais il est difficile à | séduit   bewitches
vivre. *(Aux deux autres.)* Mes amours, je ne sais plus | l'orgueil (m)   pride
vivre   endurer
lequel de vous deux est le moins déraisonnable. Je | déraisonnable   unreasonable
n'ai qu'une certitude: le vainqueur, quel qu'il soit, | le vainqueur   victor
quel qu'il soit   whoever
sortira de l'épreuve aussi pitoyable que le vaincu. | he may be
pitoyable   malheureux
le vaincu   loser

ANDRÉ: Peut-être davantage.

LOUISE: Toi, André, le seul qui pourrais encore tout
arrêter …

ANDRÉ: Je ne peux pas.

LOUISE: … Tu cours vers ta misère les poings serrés: | les poings (m) serrés
es-tu bien sûr de l'avoir prévue dans toute sa laideur? | fists clenched
prévu   foreseen
la laideur   ugliness

ANDRÉ *(lucide)*:   Ce qui m'attend, j'ai tâché d'en faire | tâché   essayé
l'examen, froidement, plus de cent fois. Mais je sais
que la réalité sera encore plus pénible que tout ce | pénible   difficile
que j'ai pu imaginer.

GRAVEL: Oui, mon brave! Tu méprises la peur, tu te | méprises   scorn
moques des coups, tu te fiches de tout le monde et | le coup   hard knock
de ton père … mais je te préviens charitablement: tu | te fiches   don't give a damn
préviens   warn
vas le payer cher, ton petit penchant déréglé à jouer | le penchant   l'inclination
les révolutionnaires. | déréglé   excessive

ANDRÉ: Je ne me fais pas d'illusions, tu peux me
croire.

GRAVEL: Tu aurais tort de t'en faire. N'oublie pas
surtout un détail capital: vous allez vous jeter vous-
mêmes dans les bras de la police — un par soir
pendant quinze jours — dans l'espoir d'accrocher la | accrocher   gagner
sympathie du public en ridiculisant de plus en plus
"les forces de l'ordre." Mais attention, hein? Tu ne
sais pas encore ce que c'est qu'un policier humilié.
Après deux ou trois jours, quand le système sera

devenu évident, tous les moyens seront pris pour que
quelqu'un parle et que la farce plate s'arrête.

la farce plate   empty joke

ANDRÉ: Ça aussi, je l'ai prévu.

GRAVEL *(sans complaisance)*:   Tu es le chef et le
    seul — de ton propre aveu — à connaître toute la
    bande: alors prépare-toi, mon pauvre gars, à en crier
    un coup, avant de perdre connaissance.

la complaisance   complacency
l'aveu (m)   la déclaration
en crier un coup
   scream out
perdre connaissance   passing out

LOUISE *(révulsée)*:   Pierre … non!
*(Nicole sortira un moment vers le fond pour y
cacher son trouble.)*

GRAVEL *(aussi pitoyable que les deux femmes, à sa
    façon)*:   Quoi! penses-tu que ça me réjouit, de dire
    ça à mon propre fils?

réjouit   amuse

ANDRÉ: Papa, ne te donne pas de mal pour m'effrayer;
    je le suis, depuis des jours, autant qu'on peut l'être.
    (Accablé.) Je ne me fiche pas des coups, de la prison
    et de toutes les tristesses qui m'attendent: j'en ai
    peur, misérablement. Je ne me moque pas de ton
    amitié perdue, du mal que je te fais, de la détresse de
    maman, du chagrin de Nicole.

accablé   overwhelmed
la tristesse   trouble

LOUISE: Tant de souffrances, pour atteindre un but
    aussi imprécis, aussi discutable … ça n'a pas de sens,
    mon petit, ça n'a pas de sens!

la souffrance   suffering
discutable   debatable

ANDRÉ: Si j'étais soldat dans une guerre absurde,
    décidée, comme toujours, par des vieux bien assis
    pour la justification de leurs erreurs et la défense de
    leur tas de piastres — malgré la peine de me voir
    aller, essaierais-tu de me retenir?

la piastre (C)   le dollar

GRAVEL: Et ta petite guerre à toi, tu es convaincu
    qu'elle est super-légitime et sacro-sainte? Dans ton
    âme et conscience, tout est clair et limpide
    là-dessus?

convaincu   convinced

là-dessus   about it

ANDRÉ: Non. Je n'ai pas la certitude absolue de ne pas me tromper.

GRAVEL: Tu doutes de ton affaire, tu l'admets?

ANDRÉ: Oui.

GRAVEL: Mais tu es quand même décidé, irrévocablement, à nous entraîner tous ensemble dans ta propre catastrophe?

LOUISE *(à André)*:   Si tu n'as pas la conviction nette d'avoir raison, comment peux-tu prendre une responsabilité aussi effarante?

effarant   frightening

ANDRÉ: Jusqu'à quel point le religieux peut-il se prouver qu'il a parfaitement raison de croire à l'existence de Dieu avant de lui consacrer sa vie? Il aura beau raisonner des années entières, le moment viendra où il devra s'en remettre à la foi — qui n'exclura jamais le doute pour lui.

le religieux   man of the cloth

aura beau raisonner
  will reason in vain
s'en remettre   to rely on
la foi   faith
exclura   will exclude

GRAVEL: "C'est une question de foi … j'imite les saints: je ne discute plus!" Tu te défiles!

te défiles   are evading
  the issue

ANDRÉ: Non. Je ne me défile pas. Le plus pénible de ce que je risque, tu ne l'as pas encore entrevu — et pourtant tu es avocat. Si l'examen de ton propre bobo t'avait laissé plus objectif, tu te serais déjà rendu compte que la condamnation inévitable qui m'attend me rayera à vie de la pratique du droit: Loi du Barreau, chapitre deux, article quarante-huit. *(Gravel en reçoit comme un coup au ventre.)* Seule l'indépendance du Québec pourra me permettre de réintégrer un jour une profession que j'avais choisie entre toutes.

entrevu   glimpsed

le bobo   hurt

rayera   will cut me off
à vie   pour toujours
le droit   law
la Loi du Barreau   Code of
  the Bar
en reçoit   reacts
le ventre   belly
réintégrer   resume

GRAVEL: Louise, c'est de la démence!

la démence   la folie

ANDRÉ: Nicole, rien de rien ne t'oblige à sauter avec

moi. Au contraire, tout te l'interdit si tu constates que je ne suis pas celui que tu croyais aimer. Mieux vaudrait pleurer pour un temps que de faire à coup sûr ton malheur et le mien en n'ayant pas le courage ou l'honnêteté d'y voir clair.

> interdit forbids
> constates resolve
> mieux vaudrait it would be better
> à coup sûr for certain

GRAVEL *(à André)*:   Tu poses au martyr le coeur à l'aise, en t'imaginant que la révolution sera proclamée le mois prochain, au son des trompettes ...

> poses play
> le coeur à l'aise with an easy heart

ANDRÉ: Non ...

GRAVEL: ... et que la foule en délire viendra "briser tes chaînes" et échanger ton casier judiciaire contre un beau certificat de héros national.

> en délire frenzied
> échanger exchange
> le casier judiciaire police record

ANDRÉ: Non, je sais que la bataille sera longue ...

GRAVEL: Tu n'en verras jamais la fin!

ANDRÉ: ... même s'il faut attendre jusqu'à l'an 2000. Ce qui est juste finit toujours par arriver ...

GRAVEL *(qui cherche à l'atteindre)*:   Il y a des choses qui sont possibles et d'autres qui ne le sont pas!

ANDRÉ: ... C'est une question de patience.

GRAVEL: Tu ne pourras jamais vivre sans compromis.

ANDRÉ: ... C'est pour ça qu'il ne faut pas lâcher.

GRAVEL: Tu ne peux pas gaspiller ta vie à crier dans le désert!

> gaspiller waste

ANDRÉ: ... Si tu lâchais, tu n'aurais jamais la paix.

GRAVEL: Vous n'êtes qu'une poignée d'illuminés.   la poignée   handful

ANDRÉ: ... Tu t'engueulerais pour le reste de ta vie.   t'engueulerais   would kick
                                                                                              yourself

GRAVEL: Même ceux qui sont avec toi te laisseront
            tomber un à un ...

ANDRÉ: Quand même tu serais tout seul ...

GRAVEL: ... en t'expliquant qu'il faut bien vivre dans
            la réalité après tout!

ANDRÉ: ... Quand même tu serais tout fin seul, ça ne
            changerait rien à l'affaire.
            (Nicole, les dents serrées, vient s'asseoir près de lui et   serré   clenched
            lui prend le bras.)

GRAVEL *(qui sent qu'André lui échappe)*:   Jamais les   échappe   is getting away from
            Etats-Unis nous laisseraient établir un régime
            socialiste à côté d'eux!

ANDRÉ: C'est pourquoi il ne faut plus discuter ...   discuter   discuss

GRAVEL: A dix provinces, nous avons tout le mal du
            monde à les empêcher de nous envahir de toutes les   envahir   taking over
            façons imaginables ...

ANDRÉ *(écoeuré)*:   ... Il ne faut plus!   il ne faut plus   there's
                                                                                                no point

GRAVEL: ... Comment veux-tu que le Québec puisse y
            arriver tout seul, perdu au milieu d'une mer de deux
            cents millions d'anglophones?

NICOLE *(qui rongeait son frein)*:   Il n'a pas le choix,   rongeait son frein
            comprenez-vous? Bien sûr qu'il serait plus facile   was champing at the bit
            pour lui de se faire une raison et de se laisser vivre
            "content-content," mais il ne peut pas! Ce n'est pas
            sa faute: il ne peut pas! Ce n'est pas donné à tout le
            monde d'être né résigné et peureux.   résigné   meek
                                                                             peureux   mild

GRAVEL: Ecoute, Nicole …

NICOLE *(qui se vide le coeur)*:   S'il est téméraire et
   toqué, tant mieux! Ça va faire changement. Des
   constipés, des velléitaires et des vaincus d'avance,
   vous ne trouvez pas qu'on en a assez eu, depuis
   1759?

téméraire   audacieux

toqué   fou

le constipé   old fossil
le velléitaire   dabbler
le vaincu d'avance   born loser

GRAVEL *(qui veut reprendre l'initiative de la
   discussion)*:   Ecoute, Nicole, tu vas nous laisser
   régler …

NICOLE *(petite furie)*:   Ecoutez vous-même! Il y a
   assez longtemps que vous pérorez: c'est à mon tour,
   maintenant. Et si vous ne voulez pas savoir ce que
   j'ai à dire, bouchez-vous les oreilles! Ça ne changera
   pas grand-chose, parce que vous ne comprenez rien
   de toute façon. Il n'est pas étonnant que vous ne
   puissiez pas vous entendre tous les deux: vous ne
   parlez pas la même langue! Ce qu'il appelle, lui,
   "indépendance, ouverture sur le monde
   international, liberté de chercher les intérêts du
   Québec ailleurs qu'en Ontario", vous et les autres
   anciens de la faculté des Sciences britanniques, vous
   le baptisez "séparatisme étroit, repliement sur soi-
   même, suicide collectif, mur de Chine autour de la
   province et ghetto du Moyen Age!"

pérorez   have been spouting

bouchez-vous   cover

de toute façon   in any case
entendre   comprendre

l'ouverture (f)   gateway

les anciens (m)   alumni
le repliement   withdrawal

le Moyen Age   Middle Ages

GRAVEL: Laisse-toi gagner par la fièvre des "foins-
   foins", toi aussi: tu verras comme on en revient vite!

la fièvre   fever
les "foins-foins"   smart alecks

NICOLE: Voulez-vous savoir jusqu'à quel point vous
   êtes colonisé jusque dans votre propre maison?
   (Presque sous son nez.) Il y a une heure au
   téléphone, vous parliez à votre "gros boss." Au
   Premier ministre, s'il vous plaît, de ce que vous
   appelez avec émotion "Mon pays, mes amours." Si
   vous aviez eu la tentation, légitime pour un homme
   libre, de lui répondre dans votre langue maternelle,
   pensez pas qu'il n'aurait pas été perdu, le cher grand
   homme! Pourtant trois sur dix de ses administrés
   parlent le français. Et la Confédération n'est une
   surprise pour personne: elle dure depuis un siècle!

la tentation   temptation

ses administrés   those
   under his administration

Sans compter qu'un "prix Nobel," ce n'est pas un
dernier de classe d'habitude. Alors quoi? Il ne *peut*
pas parler notre langue, ou il ne *veut* pas? *(Venant
près de Louise.)* Et ne vous inquiétez pas trop de
votre André. Son père m'apprenait avant votre
arrivée — c'est ce qu'il a dit de plus intelligent
depuis ce moment-là — qu'avant de m'avouer son   avouer   déclarer
amour, André voulait être sûr que je le connaissais
complètement. Maintenant que je sais tout, je
voudrais inventer un verbe encore plus amoureux
pour lui dire que je l'aime. Je n'aurai jamais honte de
lui, au contraire! Que d'autres baissent la tête quand
on mentionnera son nom, moi je la redresserai, aussi   redresserai   will raise up
haut que possible, en déclarant à ceux qui voudront
l'entendre: "Je ne suis pas n'importe qui, figurez-
vous: je suis la fiancée d'André Gravel, le prisonnier
politique." Et quand il sortira de là, je l'attendrai à la
porte, avec ma robe de noces. Je saurai bien   la robe de noces   wedding gown
l'aider — et le protéger au besoin: j'ai l'air de rien,   au besoin   when he needs it
mais je suis solide du pare-chocs! J'ai pleuré tout à   le pare-chocs   bumper
l'heure, mais c'est fini, ça. A moins de mourir la
première, je serai à côté de lui, pour le meilleur et
pour le pire, jusqu'à la fin de son règne.   le règne   reign

GRAVEL: Parlons-en, de son règne!

NICOLE: Oui, de son règne. Parce qu'au bout de ses
          épreuves, il aura des triomphes.   l'épreuve (f)   trial

GRAVEL: Pauvre petite fille, tu ne sais pas ce qui
          t'attend!

NICOLE: Gardez votre pitié pour vous. Quant à moi,
          rassurez-vous, je ne serai pas à plaindre. Je n'aurai   rassurez-vous   put your
          pas besoin à quarante ans d'aller supplier mon   mind at ease
          psychiatre de me trouver une raison de vivre: j'en   plaindre   pity
          aurai une. La "voix des femmes," pour celles de mon   supplier   beg
          temps, elle se fera entendre ailleurs que dans la salle
          d'accouchement! *(A Louise.)* Je ne dis pas ça pour   la salle d'accouchement
          vous, madame, parce que je vous admire et je vous   delivery room
          aime, pour m'avoir donné un homme comme celui
          que vous m'avez bâti au moral comme au physique.
          Et je ne vous en veux pas pour certaines choses que   je ne vous en veux pas
          vous avez bien été obligée de dire tout à l'heure: I don't hold a grudge against you
          vous êtes assez femme, je le sais, pour comprendre

que votre place est à côté de votre mari, même si,
parmi ses nombreuses qualités, il a celle d'être
démodé et "one-track-minded" comme un tramway   démodé   old-fashioned
d'avant-guerre! *(Se laissant retomber près d'André,
la respiration courte.)* Ouf! Je suis essoufflée! *(A*   essoufflé   out of breath
André.) Maintenant, mon amour, ça me déchire le   déchire   breaks
coeur d'avoir à te le dire, mais … quand j'ai jeté un
coup d'oeil à l'horloge, il y a cinq minutes, il était   le coup d'oeil   glance
neuf heures moins dix.

ANDRÉ *(comme s'il se réveillait)*:   Oui, c'est vrai: il faut
que je parte. *(Il se lève péniblement.)*   péniblement   painfully

GRAVEL *(venant à lui, pitoyable)*:   André, non. N'y va
pas!

ANDRÉ: Laisse-moi passer, je t'en prie.

GRAVEL *(suppliant)*:   Aujourd'hui, c'est toi le plus fort:
cède, je t'en serai reconnaissant toute ma vie.   reconnaissant   grateful

ANDRÉ: Il est trop tard …
    (L'horloge sonne neuf heures dans la coulisse.)   la coulisse   wings

GRAVEL: Si j'ai eu des torts envers toi, je t'en demande
pardon humblement.

ANDRÉ: … Il est neuf heures: il faut que je parte.

GRAVEL *(c'est la panique)*:   Ce n'est pas pour moi que
je te supplie: cède et je ne me mêlerai plus jamais de   me mêlerai   take a hand in
politique, de près ou de loin, je te le jure!   jure   swear

ANDRÉ: Cela ne dépend plus de ma volonté …

GRAVEL: Reste! Tu l'as dit: quelqu'un d'autre peut faire
le coup à ta place.   faire le coup   carry out

ANDRÉ: Non, ça n'arrangerait rien.

GRAVEL: Tu leur expliqueras ce qui est arrivé. Tu leur diras que je t'ai empêché de partir: ils comprendont.

ANDRÉ: Si je laissais agir l'autre, ça n'arrangerait rien, tu m'entends?

GRAVEL *(agrippant André par le revers du col)*:   André, André! Tu ne peux pas me faire ça! *(Il le gifle.)* Toi, mon préféré, mon ami ...

agrippant   seizing
le revers du col   lapel
gifle   slaps

ANDRÉ *(sans se défendre et pleurant presque lui aussi)*:   Ça n'éviterait pas le scandale pour toi ...

éviterait   would prevent

GRAVEL *(continuant de le frapper)*:   Toi, que j'ai toujours aimé comme la prunelle de mes yeux ...

la prunelle   apple

ANDRÉ: L'autre, mais tu n'as pas compris que c'est ... *(Une autre gifle coupe sa phrase.)*

LOUISE *(criant)*:   Larry ... c'est Larry!

ANDRÉ: Oui, c'est lui!

GRAVEL *(le lâchant, hébété)*:   Quoi?

hébété   dazed

ANDRÉ: C'est Larry ... Oui, c'est Larry!

Résumé de la Scène 8

Le téléphone sonne. C'est Larry. On a fait éclater la bombe. On apprend que l'homme qui a remplacé André est Larry. André s'en va se constituer prisonnier.

se constituer prisonnier
to turn himself in

LOUISE *(retenant par la main André qui allait partir)*: Pierre ... je crois que ton fils voudrait te donner la main. *(André baisse la tête. Après un court moment d'hésitation, il s'avance lentement vers son père. En silence, sans presque se regarder, ils se serrent la main.)*

Découvertes poétiques et musicales

Le Chat et l'oiseau

Jacques Prévert

Un village écoute désolé   désolé   triste
Le chant d'un oiseau blessé
C'est le seul oiseau du village
Et c'est le seul chat du village
Qui l'a à moitié dévoré
Et l'oiseau cesse de chanter
Le chat cesse de ronronner   ronronner   purring
Et de se lécher le museau   se lécher   licking
Et le village fait à l'oiseau   le museau   face
De merveilleuses funérailles   les funérailles (f pl)   funeral
Et le chat qui est invité
Marche derrière le petit cercueil de paille   le cercueil   coffin
Où l'oiseau mort est allongé   la paille   straw
Porté par une petite fille   allongé   stretched out
Qui n'arrête pas de pleurer
Si j'avais su que cela te fasse tant de peine   tant de peine   so much grief
Lui dit le chat
Je l'aurais mangé tout entier
Et puis je t'aurais raconté
Que je l'avais vu s'envoler   s'envoler   fly away
S'envoler jusqu'au bout du monde
Là-bas où c'est tellement loin
Que jamais on n'en revient
Tu aurais eu moins de chagrin
Simplement de la tristesse et des regrets

Il ne faut jamais faire les choses à moitié.

Prière d'un petit enfant nègre

Guy Tirolien

Seigneur
je suis très fatigué
je suis né fatigué
et j'ai beaucoup marché depuis le chant du coq
et le morne est bien haut
qui mène à leur école.

Seigneur je ne veux plus aller à leur école;
faites je vous en prie que je n'y aille plus.

Je veux suivre mon père dans les ravines fraîches
quand la nuit flotte encore dans le mystère des bois
où glissent les esprits que l'aube vient chasser.

Je veux aller pieds nus par les sentiers brûlés
qui longent vers midi les mares assoiffées.

Je veux dormir ma sieste au pied des lourds manguiers.
Je veux me réveiller
lorsque là-bas mugit la sirène des blancs
et que l'usine
ancrée sur l'océan des cannes
vomit dans la campagne son équipage nègre.

Seigneur je ne veux plus aller à leur école;
faites je vous en prie que je n'y aille plus.

Ils racontent qu'il faut qu'un petit nègre y aille
pour qu'il devienne pareil
        aux messieurs de la ville
            aux messieurs comme il faut;
mais moi je ne veux pas
    devenir comme ils disent
        un monsieur de la ville
            un monsieur comme il faut.

Je préfère flâner le long des sucreries
où sont les sacs repus
que gonfle un sucre brun
autant que ma peau brune.

Seigneur   Dieu

le chant du coq
    the crowing of the rooster
le morne   la petite montagne

prie   beg

flotte   floats
glissent   glide
l'esprit (m)   spirit
l'aube (f)   dawn
le sentier   path

longent   run alongside
la mare   pool
assoiffé   qui a soif
le manguier   mango tree

mugit   howls

ancré   anchored
la canne   sugar cane
l'équipage (m)   crew

comme il faut   proper

flâner   to stroll
le long de   along
la sucrerie   sugar refinery
repu   rempli
gonfle   stuffs

Je préfère
à l'heure où la lune amoureuse
parle bas à l'oreille
des cocotiers penchés   le cocotier coconut tree
écouter ce que dit   penché leaning
dans la nuit
la voix cassée d'un vieux qui raconte en fumant
les histoires de Zamba
et de compère Lapin   compère Lapin Mr. Rabbit
et bien d'autres choses encore
qui ne sont pas dans leurs livres.
Les nègres vous le savez n'ont que trop travaillé.
Pourquoi faut-il de plus
apprendre dans des livres
qui nous parlent de choses qui ne sont point d'ici?
Et puis
elle est vraiment trop triste leur école
triste comme
ces messieurs de la ville
   ces messieurs comme il faut
qui ne savent plus danser le soir au clair de lune le clair de lune moonlight
qui ne savent plus marcher sur la chair de leurs pieds la chair flesh
qui ne savent plus conter les contes aux veillées — la veillée evening gathering

Seigneur je ne veux plus aller à leur école.

Soir d'hiver

Emile Nelligan

Ah! comme la neige a neigé!
Ma vitre est un jardin de givre.
Ah! comme la neige a neigé!
Qu'est-ce que le spasme de vivre
A la douleur que j'ai, que j'ai!

la vitre   windowpane
le givre   frost

Tous les étangs gisent gelés,
Mon âme est noire: où vis-je? où vais-je?
Tous ses espoirs gisent gelés:
Je suis la nouvelle Norvège
D'où les blonds ciels s'en sont allés.

l'étang (m)   pond
gisent   lie

la Norvège   Norway

Pleurez, oiseaux de février,
Au sinistre frisson des choses,
Pleurez, oiseaux de février,
Pleurez mes pleurs, pleurez mes roses,
Aux branches du genévrier.

le frisson   shiver

le pleur   lament
le genévrier   juniper

Ah! comme la neige a neigé!
Ma vitre est un jardin de givre.
Ah! comme la neige a neigé!
Qu'est-ce que le spasme de vivre
A tout l'ennui que j'ai, que j'ai!

l'ennui (m)   grief

Les Gens de mon pays

Gilles Vigneault

Les gens de mon pays
Ce sont gens de paroles   *words/remark*
Et gens de causerie   la causerie   la conversation
Qui parlent pour s'entendre
Et parlent pour parler
Il faut les écouter
C'est parfois vérité
Et c'est parfois mensonge   le mensonge   lie
Mais la plupart du temps
C'est le bonheur qui dit   *happiness*
Comme il faudrait de temps
Pour saisir le bonheur   *to seize*
A travers la misère   à travers   through
—Emmaillée au plaisir   *a'mmaillée*   la misère   l'adversité
                                                       emmaillé   mêlé
Tant d'en rêver tout haut   tant de   as well as
Que d'en parler à l'aise   *easily, comfortably.*

Parlon —Parlant de mon pays,   *speaking of my county*
Je vous entends parler,
Et j'en ai danse aux pieds,
Et musique aux oreilles,
Et du loin au plus loin   *to the most remote corners.*
De ce neigeux désert   neigeux   couvert de neige
Où vous vous entêtez   entêtez   persistez
A jeter des villages.
Je vous répéterai
Vos parlers et vos dires   le parler   la manière de
Vos propos et parlures   parler
                                                       le dire   statement
Jusqu'à perdre mon nom
O voix tant écoutées   *voice*
Pour qu'il ne reste plus
De moi-même qu'un peu
De votre écho sonore   sonore   resounding

Je vous entends jaser | jaser   chatting
Sur les perrons des portes | le perron   steps
Et de chaque côté
Des cléons des clôtures | le cléon   wire mesh
Je vous entends chanter | la clôture   fence
Dans la demi-saison. | la demi-saison   mid-season
Votre trop court été
Et votre hiver si long,
Je vous entends rêver   to dream
Dans les soirs de doux temps.
Il est question de vents
De vente et de gréments | la vente   felled timber
De labours à finir | le grément   equipment
| le labour   ploughing
D'espoir et de récolte   hope   harvest
D'amour et du voisin
Qui va marier sa fille.

Voix noires voix durcies, | durci   hardened
D'écorce et de cordage, | l'écorce (f)   bark
Voix des pays plain-chant | le cordage   ship's rigging
Et voix des amoureux, | le plain-chant   plain song
Douces voix attendries | attendri   fond
Des amours de village
Voix des beaux airs anciens
Dont on s'ennuie en ville | s'ennuie   get bored with
Piailleries d'écoles | la piaillerie   squealing
Et palabres et sparages | la palabre   la discussion
Magasin général | le sparage   exaggerated
| gesture (C)
Et restaurant du coin
Les ponts, les quais, les gares, | le quai   dock
Tous vos cris maritimes
Atteignent ma fenêtre | atteignent   arrivent à
Et m'arrachent l'oreille | arrachent   grab

Est-ce vous que j'appelle
Ou vous qui m'appelez
Langage de mon père
Et patois dix-septième
Vous me faites voyage
Mal et mélancolie
Vous me faites plaisir
Et sagesse et folie
Il n'est coin de la terre
Où je ne vous entende
Il n'est coin de ma vie
A l'abri de vos bruits
Il n'est chanson de moi
Qui ne soit toute faite
Avec vos mots, vos pas,
Avec votre musique

le patois dix-septième
   dialect of the 17th century

le mal   aching

la sagesse   wisdom
la folie   madness

à l'abri   protected

Je vous entends rêver
Douce comme rivière
Je vous entends claquer
Comme voile du large
Je vous entends gronder
Comme chute en montagne
Je vous entends rouler
Comme baril de poudre
Je vous entends monter
Comme grain de quatre heures
Je vous entends cogner
Comme mer en falaise
Je vous entends passer
Comme glace en débâcle
Je vous entends demain
Parler de liberté

claquer   snap
la voile   sail
du large   at sea
gronder   roar
la chute   waterfall
rouler   roll
le baril de poudre
   powder keg

le grain de quatre heures
   fast growing grain
cogner   pound
la falaise   cliff

en débâcle   breaking up

Gilles Vigneault, extrait de *Les Gens de mon pays,*
Nouvelles Editions de l'Arc, Montréal

La Manic

Georges Dor

Si tu savais comme on s'ennuie à la Manic,   s'ennuie   are bored
Tu m'écrirais bien plus souvent à la Manicouagan.
Parfois je songe à toi si fort   songe   pense
Je recrée ton âme et ton corps   recrée   recreate
Je te regarde et m'émerveille;   m'émerveille   am in awe
Je me prolonge en toi   me prolonge   extend
Comme le fleuve dans la mer
Et la fleur dans l'abeille.   l'abeille (f)   bee

Que deviennent quand j'suis pas là, mon bel amour
Ton front doux comme fine soie   la soie   silk
Et tes yeux de velours?
Te tournes-tu vers la Côte Nord
Pour voir un peu, pour voir encore ma main
Qui te fait signe d'attendre?   fait signe   beckons
Soir et matin je tends les bras   tends les bras   reach out
Je te rejoins où que tu sois et je te garde.   rejoins   meet

Dis-moi ce qui se passe à Trois-Rivières et à Québec,
Là où la vie a tant à faire, et tout ce qu'on fait avec.
Dis-moi ce qui se passe à Montréal
Dans les rues sales et transversales   la rue transversale   side street
Où tu es toujours la plus belle,
Car la laideur ne t'atteint pas   la laideur   ugliness
Toi que j'aimerai jusqu'au trépas,   atteint   reach
Mon éternelle!   le trépas   la mort

Nous autres on fait les fanfarons à coeur de jour,   le fanfaron   braggart
Mais on est tous de bons larrons cloués à leurs amours.   à coeur de jour   toute la journée
Y'en a qui jouent de la guitare   le larron   guy
D'autres qui jouent de l'accordéon   cloué   attaché
Pour passer le temps quand y'est trop long;   y'en a   il y en a
Mais moi je joue de mes amours   y'est   il est
Et je danse en criant ton nom
Tellement je t'aime.

Si tu savais comme on s'ennuie à la Manic,
Tu m'écrirais bien plus souvent à la Manicouagan
Si t'as pas grand-chose à me dire   t'as   tu as
Ecris cent fois les mots "Je t'aime,"   pas grand-chose   peu
Ça fera le plus beau des poèmes:
Je le lirai cent fois
Cent fois, cent fois, c'est pas beaucoup pour ceux qui   c'est pas   ce n'est pas
s'aiment.

Si tu savais comme on s'ennuie à la Manic,
Tu m'écrirais bien plus souvent à la Manicouagan.

A river in N. Quebec on which a massive dam &
hydro plant located.
— copper & iron mines

Je reviens chez nous

Jean-Pierre Ferland

Il a neigé à Port-au-Prince — capital of Haiti
Il pleut encore à Chamonix — SE France — Alps — neige — skiing (fog) et très grise
On traverse à gué la Garonne — river is S. France — en l'hiver beaucoup de brume et très grise
Le ciel est plein bleu à Paris.

traverse à gué   wade across

Ma mie l'hiver est à l'envers
Ne t'en retourne pas dehors
Le monde est en chamaille
On gèle au sud, on sue au nord.
  freezes

ma mie   mon amie
à l'envers   topsy-turvy
t'en retourne   go back
en chamaille   in discord
sue   are sweating

Fais du feu dans la cheminée
Je reviens chez nous
S'il fait du soleil à Paris
Il en fait partout. everywhere

la cheminée   fireplace

La Seine a repris ses vingt berges
Malgré les lourdes giboulées
Si j'ai du frimas sur les lèvres lips
C'est que je veille à ses côtés.
In spite of

repris   regained
ses vingt berges   its low-water mark
la giboulée   shower
le frimas   frost
veille   am on watch

Ma mie j'ai le cœur à l'envers heart upside down
Le temps ravive le cerfeuil revives
Je ne veux pas être tout seul
Quand l'hiver tournera de l'oeil.

le cerfeuil   chervil (herb)

tournera de l'oeil   mourra

Je rapporte avec mes bagages bring back
Un goût qui m'était étranger
Moitié dompté, moitié sauvage Half
C'est l'amour de mon potager.

dompté   tamed
le potager   vegetable garden

Fais du feu dans la cheminée
Je reviens chez nous
Et si l'hiver est trop buté
On hibernera.

buté   stubborn
hibernera   will hibernate

Pour un instant

M. Normandeau

Pour un instant, j'ai oublié mon nom
Ça m'a permis enfin d'écrire cette chanson

Pour un instant, j'ai retourné mon miroir
Ça m'a permis enfin de mieux me voir

Sans m'arrêter j'ai foncé dans le noir
Pris comme un loup qui n'a plus d'espoir

foncé   rushed into

J'ai perdu mon temps à gagner du temps
J'ai besoin de me trouver une histoire à me conter

Pour un instant, j'ai respiré très fort
Ça m'a permis de visiter mon corps

respiré   breathed

Des inconnus vivent en roi chez moi
Moi qui avais accepté leurs lois

vivent en roi   live like
a king

J'ai perdu mon temps à gagner du temps
J'ai besoin de me trouver une histoire à me conter

Pour un instant, j'ai oublié mon nom
Ça m'a permis enfin d'écrire cette chanson

Speak white

Michèle Lalonde

Speak white
il est si beau de vous entendre
parler de Paradise Lost
ou du profil gracieux et anonyme qui tremble
     dans les sonnets de Shakespeare

nous sommes un peuple inculte et bègue
mais ne sommes pas sourds au génie d'une langue
parlez avec l'accent de Milton et Byron et Shelley et
     Keats
speak white
et pardonnez-nous de n'avoir pour réponse
que les chants rauques de nos ancêtres
et le chagrin de Nelligan

> inculte   sans culture
> bègue   stammering
> le génie   genius

> rauque   rough

speak white
parlez de choses et d'autres
parlez-nous de la Grande Charte
ou du monument à Lincoln
du charme gris de la Tamise
de l'eau rose du Potomac
parlez-nous de vos traditions
Nous sommes un peuple peu brillant
mais fort capable d'apprécier
toute l'importance des crumpets
ou du Boston Tea Party

> la Grande Charte   Magna Carta

> la Tamise   the Thames

mais quand vous really speak white
quand vous get down to brass tacks

pour parler du gracious living
et parler du standard de vie
et de la Grande Société
un peu plus fort alors speak white
haussez vos voix de contremaîtres
nous sommes un peu durs d'oreille
nous vivons trop près des machines
et n'entendons que notre souffle au-dessus des outils

> haussez   raise
> le contremaître   foreman
> dur d'oreille   hard of
>   hearing
> le souffle   breathing
> l'outil (m)   tool

speak white and loud
qu'on vous entende
de Saint-Henri à Saint-Domingue
oui quelle admirable langue

pour embaucher
donner des ordres
fixer l'heure de la mort à l'ouvrage
et de la pause qui rafraîchit
et ravigote le dollar

speak white
tell us that God is a great big shot
and that we're paid to trust him
speak white
parlez-nous production profits et pourcentages
speak white
c'est une langue riche
pour acheter
mais pour se vendre
mais pour se vendre à perte d'âme
mais pour se vendre

ah!
speak white
big deal
mais pour vous dire
l'éternité d'un jour de grève
pour raconter
une vie de peuple-concierge
mais pour rentrer chez nous le soir
à l'heure où le soleil s'en vient crever au-dessus des
        ruelles
mais pour vous dire oui que le soleil se couche aussi
chaque jour de nos vies à l'est de vos empires
rien ne vaut une langue à jurons
notre parlure pas très propre
tachée de cambouis et d'huile

speak white
soyez à l'aise dans vos mots
nous sommes un peuple rancunier
mais ne reprochons à personne
d'avoir le monopole
de la correction de langage

dans la langue douce de Shakespeare
avec l'accent de Longfellow
parlez un français pur et atrocement blanc
comme au Viet-Nam au Congo
parlez un allemand impeccable
une étoile jaune entre les dents
parlez russe parlez rappel à l'ordre parlez répression

Glossary (margin):

embaucher   hire

l'ouvrage (m)   work
rafraîchit   refreshes
ravigote   revives

à perte d'âme   with the loss
    of one's soul

la grève   strike

le peuple-concierge
    race of caretakers

crever   mourir
la ruelle   la petite rue

vaut   equals
le juron   curse
la parlure   la langue
taché   spotted
le cambouis   grease
l'huile (f)   oil

rancunier   spiteful

speak white
c'est une langue universelle
nous sommes nés pour la comprendre
avec ses mots lacrymogènes
avec ses mots matraques

lacrymogène   which
   causes tears
la matraque   bludgeon

speak white
tell us again about Freedom and Democracy
nous savons que liberté est un mot noir
comme la misère est nègre
et comme le sang se mêle à la poussière
    des rues d'Alger ou de Little Rock

se mêle   mixes
la poussière   dust

speak white
de Westminster à Washington relayez-vous
speak white comme à Wall Street
white comme à Watts
be civilized
et comprenez notre parler de circonstance
quand vous nous demandez poliment
how do you do
et nous entendez vous répondre
we're doing all right
we're doing fine
we
are not alone

relayez-vous   take turns

de circonstance   adapted to the
   occasion

Découverte historique

Fille du Roy

Suzanne Martel

Troyes, mars 1672

— Fille du Roy! Je suis Fille du Roy!

Refermant sans bruit comme on le lui a enseigné, la porte du parloir, Jeanne répète la formule magique qui vient de changer sa vie. Et Mère de Chablais de son côté pousse un soupir de soulagement. Voilà enfin réglé le sort de cette pauvre orpheline dont la présence bruyante et prolongée dérange le rythme placide de la vie monastique. Le Roy fournira la dot, le couvent fournira la pupille, et la colonie de la Nouvelle-France s'enrichira d'une nouvelle épouse. Chacun se réjouira et Mère de Chablais plus que tous car elle pourra enfin se consacrer toute entière à l'éducation de sujets plus dociles.

le parloir visiting room

pousse un soupir utters a sigh
le soulagement relief
réglé settled
le sort fate
bruyant noisy
dérange disturbs
fournira donnera
la dot dowry
la pupille l'orpheline

L'orpheline, n'ayant d'autre foyer que le couvent qui l'a élevée, d'autre famille que les religieuses et d'autre avenir que l'entrée en communauté, n'avait encore pu se résigner à cet engagement définitif, sort normal des filles sans dot. L'absence de cette vocation qu'elle se reprochait comme un tort, lui semblait une grande injustice. Ses amies, Geneviève, Anne et Marie, sereines et effacées, glissaient sans heurt vers la vie religieuse. Pourquoi ce sentiment de révolte, ce goût d'évasion, lorsque par-dessus le mur gris de la communauté, elle voyait fumer les cheminées paisibles de la petite ville de Troyes, en ce mois de mars 1672? Quelques-unes de ses compagnes s'échapperaient pour épouser un lointain cousin, un veuf chargé d'enfants ou un vieillard cossu pour qui la fraîcheur des dix-huit ans remplacerait la dot. Même ce triste choix ne lui était pas offert, car il faut bien l'avouer, aux yeux des religieuses, son éducation était un fiasco. On ne pouvait vraiment la recommander comme épouse modèle. Elle brûlait la pâte, oubliait de mettre sa coiffe, galopait à travers corridors, bondissait dans les escaliers, et son étourderie proverbiale n'était même pas compensée par une douceur de bon aloi.

élevé brought up

la communauté religious order

l'engagement (m) agreement
définitif permanent
la vocation (religious) call

effacé retiring
sans heurt smoothly

la compagne la camarade
lointain distant
le veuf widower
chargé de burdened with
cossu riche
la fraîcheur bloom
avouer confesser

la pâte dough

la coiffe cap
bondissait sautait
l'étourderie (f) absent-mindedness
de bon aloi genuine

Jeanne Chatel, en un mot, c'est l'épreuve des Soeurs de la Congrégation.

l'épreuve (f) affliction

— Fille du Roy! Fille du Roy!

Jeanne fait irruption dans la mansarde qu'elle partage avec Anne et Geneviève, une liste à la main.

fait irruption bursts into
la mansarde attic
partage shares

— Mesdemoiselles, je suis Fille du Roy, et voici la liste du trousseau qu'il nous faut préparer pour mon départ au mois de juillet. Mesdemoiselles, faites-moi une révérence, puis, à l'ouvrage.

la révérence curtsy
l'ouvrage (m) le travail

Anne pleure déjà son départ et Geneviève, pratique, consulte la liste:

— Deux coiffes de dentelle, six cornettes de toile, une jupe de ferandine bleue, une jupe de serge, deux chemises de toile blanche, deux paires de bas blancs, une camisole de ratine, un corps piqué, des gants de mouton. C'est beaucoup plus que pour entrer au couvent!

la dentelle   lace
la cornette de toile
   linen cornet
la ferandine   silk,
   woollen material
la ratine   woollen material
le corps piqué
   quilted bodice

— Evidemment! — Jeanne pirouette, les bras en l'air, la jupe au vent. — Je traverserai l'océan, j'irai au bout du monde. Imaginez: il paraît qu'en hiver, on ne voit que de la neige à des milles à la ronde. Mademoiselle Marguerite Bourgeoys nous accompagnera jusqu'à Ville-Marie où elle a une école.

— Qui épouseras-tu? s'inquiète Anne.

— Probablement un militaire, peut-être un capitaine.

— Où vivras-tu?

— N'importe où à part dans un couvent! A la ville ou au fort de là garnison. Je devrai peut-être accompagner mon mari à la cour du Gouverneur.

à part   excepté
la garnison   garrison
la cour   court

Geneviève, toujours réaliste, suggère:

— Et si ton mari est un fermier?

— Eh bien! Nous aurons des vaches et des poules, et je recevrai tous les voisins.

On frappe discrètement et Marie du Voyer, une de leurs compagnes, se tient dans l'embrasure, blonde et rougissante, une lettre à la main.

se tient   est
l'embrasure (f)   doorway
rougissant   blushing

— Jeanne, je serai moi aussi une Fille du Roy.

Elle tend d'une main tremblante une lettre à son amie.

— J'ai reçu une demande en mariage.

La missive froissée et jaunie, vieille d'un an déjà, a fait beaucoup de chemin. Elle vient du sieur Simon de Rouville, vague parent de son père, établi à Ville-Marie et dont la femme et un fils ont été tués par les Iroquois. Il lui reste deux enfants en bas âge, et il se souvient de la fille de son cousin, orpheline et pauvre. Viendrait-elle en Nouvelle-France pour devenir son épouse?

la missive   la lettre
froissé   crumpled
le sieur   le monsieur

il lui reste   he has left

— Mais, objecte Anne, je croyais que tu voulais entrer au couvent ...

Marie murmure:

— Notre Mère pense comme moi que mon devoir est là-bas.

Jeanne replie la lettre en se disant: "Encore une autre dont la vocation était nécessité. Pauvre petite, comme ce n'est pas exaltant. Ce qu'il veut le sieur de Rouville, c'est une gouvernante, et il ne s'en cache pas."

replie   folds again

exaltant   passionnant

la gouvernante   governess
ne s'en cache pas   makes no
   secret of it
imprévu   unexpected

Et dans son imagination galopante elle voit son avenir à elle tellement imprévu: le beau militaire qui commandera un détachement sur le quai au débarquement du bateau — leurs regards se croiseront ...

le débarquement   disembarkment
se croiseront   will meet

se comprendront — ou le galant seigneur qui lui offrira l'eau bénite après l'office. Leurs regards se croiseront ... ce sera lui. Jeanne ne sait, ne veut savoir qu'une chose: la porte de sa prison s'ouvre, la grande aventure commence. Elle est Fille du Roy.

le seigneur   lord
bénit   holy
l'office (m)   service

Le Havre, juillet 1672

— Larguez les amarres.

Le cri se répète, les grands filins s'enroulent comme des serpents dociles, les marins grimpent aux cordages, les voiles se déplient et claquent au vent. Lentement le navire tourne et glisse vers le large. Sur le quai du Havre des mouchoirs s'agitent en signe d'adieu.

larguez les amarres   cast off
le filin   rope
s'enroulent   wind up
le cordage   rigging
se déplient   unfold
claquent   snap
le large   open sea
s'agitent   are waved

L'orpheline quitte sans regret cette patrie qui pour elle se résume aux murs gris d'un couvent. A ses côtés, Marie pleure doucement, vaguement consciente d'un déchirement, émue du chagrin de ceux parmi les quarante passagers qui laissent un être cher sur les rives de France.

se résume   is summed up

le déchirement   wrenching
ému   moved

Marie presse dans ses mains la lettre qui a changé sa vie. Et Jeanne, le coeur serré, se demande si son amie tellement vulnérable trouvera dans le sieur de Rouville le mari compréhensif qu'elle mérite.

le coeur serré   triste

Mère Bourgeoys, qui en est à sa cinquième traversée, s'occupe de faire disposer les coffres dans les cabines étroites et surpeuplées.

la traversée   crossing
disposer   arranger
surpeuplé   overcrowded

Les marins s'affairent, les passagers s'agitent, et Marie, au bastingage, pleure toujours. Jeanne, impatiente, va la bousculer un peu lorsqu'elle s'arrête. Un officier chargé de demander aux passagers de regagner leurs cabines pour faciliter les manoeuvres vient de s'approcher de son amie. Elle le voit s'incliner et offrir à Marie d'abord son mouchoir, ensuite son bras.

s'affairent   sont occupés
le bastingage   rail
bousculer   hurry along
regagner   retourner à

s'incliner   bend over

Discrète, Jeanne observe de loin l'officier qui escorte Marie jusqu'à la porte de sa cabine. Lorsqu'en remontant sur le pont il la croise, Jeanne voit qu'il est jeune et beau. Elle retrouve Marie assise sur son coffre, les mains jointes, les yeux brillants, et son intuition romanesque lui fait deviner, avant même les victimes, que voici une paire d'amoureux transis.

croise   passes

romanesque   romantic

l'amoureux transi (m)
  bashful lover

D'après les récits historiques, la traversée fut courte: elle dura quarante et un jours. Pour Jeanne, condamnée à l'oisiveté, et impatiente de l'avenir, elle parut longue. Mais elle ne dura que l'espace d'un instant pour Marie du Voyer, qui profitait de chaque occasion de paraître sur le pont et de causer avec son lieutenant.

le récit   account
dura   prit
l'oisiveté (f)   idleness

causer   parler

Québec, août 1672

    C'est par une belle soirée du mois d'août que le voilier longeant l'île d'Orléans s'approcha de la ville fortifiée de Québec, blottie sur les hauteurs de son cap gigantesque.

le voilier   sailing ship
longeant   following closely
blotti   huddling
le cap   promontory

Si le départ du Havre a semblé pittoresque à Jeanne, son arrivée à Québec la laisse sans parole. En plus de la délégation du Gouverneur qui présente les armes avec fanfare, elle voit sur le quai la foule des citoyens que cet événement rare, l'arrivée d'un bateau, a attirés. Les coureurs des bois avec leurs étranges chemises à franges et leurs bonnets de fourrure ne quittent jamais leur fusil. Les Indiens lui semblent pacifiques, abrutis même et elle ne s'explique pas la terreur avec laquelle on en parle.

attiré   attracted
la frange   fringe
la fourrure   fur
quittent   put down
abruti   stunned

Dès que la passerelle touche terre, Mère Bourgeoys conduit ses filles à la maison de la veuve Myrand qui tient auberge à la Basse-ville. Elles y logeront pendant les quelques jours nécessaires à préparer le départ vers Ville-Marie.

la passerelle   gangplank
la veuve   widow
une auberge   inn
la Basse-ville   lower town

Puis la fondatrice, malgré l'heure tardive, gravit la pente raide de la côte pour aller présenter ses hommages à monseigneur de Laval et visiter les dames Ursulines où elle passera la nuit.

la fondatrice   founder
tardive   late
gravit   monta
la pente   slope
raide   steep
la côte   hill

Jeanne, surexcitée par l'animation et le bruit de la ville, et encore inhabituée à sentir la terre ferme sous ses pieds, demande et obtient la permission de s'asseoir avec Marie sur le pas de la porte. Toutes deux causent doucement dans la pénombre, plutôt Marie parle, animée, intarissable sur les qualités sans nombre de son lieutenant. La petite souris grise du pensionnat est transfigurée.

inhabitué   unaccustomed

la pénombre   half-light
intarissable   tireless
le pensionnat   le couvent

— Tu sais, Jeanne, nous allons nous marier et Jean va s'établir ici, à Québec, où son père a un commerce.

— Et que dira ton fiancé, le sieur Simon de Rouville? Marie amoureuse écrase les obstacles:

écrase   wipes out

— Oh! Il comprendra et épousera une autre des Filles du Roy. Toi, par exemple.

— Merci bien. Laisse-moi au moins le privilège du choix.

Des pas s'approchent:

— C'est Jean, s'exclame Marie qui guettait depuis un moment.

guettait   had been on the lookout

Jeanne contourne la maison et laisse les jouvenceaux se parler coeur à coeur. Elle se sent vieille et protectrice; toute la tendresse inassouvie de sa jeunesse solitaire se reporte sur cette jeune fille confiante, sur ce garçon sincère dont elle souhaite le bonheur.

contourne   passe autour de
les jouvenceaux (m)   les jeunes

inassouvi   unsatisfied
se reporte   turns
confiant   trusting
souhaite   wishes

Soudain, une apparition terrible surgit de la nuit. Une affreuse figure grimaçante, traversée d'une cicatrice et couronnée de deux plumes rouges se matérialise sans bruit devant elle, lui coupant la retraite. Dans un éclair, elle pense: "Si je crie, Jean et Marie viendront à mon secours et seront tués." Alors, elle ne crie pas, mais se met à reculer lentement, pas à pas, vers la nuit, renonçant à être secourue mais éloignant aussi le danger des êtres qu'elle aime.

la cicatrice   scar

un éclair   flash

le secours   help

reculer   back away
renonçant   giving up the idea
secouru   aidé
éloignant   removing

Sans un mot, sans un bruit, l'Indien la suit, tendant la main. Tient-il un couteau? Elle ose baisser les yeux et voit avec surprise que c'est un papier qu'il lui tend. A bien le regarder, sa figure patibulaire exprime plus de perplexité que de haine.

ose   dares

patibulaire   sinistre
la haine   hatred

Arrachant le billet de la main tendue, sans pouvoir prononcer un mot, elle se précipite vers la maison et bouscule sans cérémonie Marie et Jean qui remarquent à peine son passage. Elle s'écrase dans la chaise basse, devant la chandelle près de laquelle la veuve Myrand somnole dans sa berceuse. Habituées aux heures du bord, les pupilles de Mère Bourgeoys font oraisons ou dorment déjà sous les combles.

bouscule   bumps into
s'écrase   collapses

somnole   dozes
la berceuse   rocking chair
font oraisons (f)   prient
le comble   le toit
vacillant   flickering
déchiffre   lit avec difficulté
dresser   draw up

Penchée vers la lumière vacillante, Jeanne, encore toute pâle, déchiffre l'écriture de Mère Bourgeoys qu'elle connaît très bien pour l'avoir aidée à dresser des listes d'achat à Rouen. La lettre est adressée à la veuve Myrand. Jeanne la tend à cette bonne personne qui, plutôt que d'avouer qu'elle ne sait pas lire, prétexte ses mauvais yeux et se dit tout oreille.

"Chère madame, la présente est pour aviser la demoiselle Marie du Voyer d'une situation urgente. Son fiancé, le sieur de Rouville, la réclame immédiatement à Ville-Marie à cause de la saison tardive. Un groupe de voyageurs, accompagnés de deux Sulpiciens et de deux femmes partira demain à l'aube, en canot, et permission est accordée à mademoiselle du Voyer de les accompagner. Elle se retirera à Ville-Marie à l'école du Bon-Secours où tous les arrangements sont complétés pour son mariage au sieur de Rouville. Celui-ci désire ardemment regagner ses terres avant d'être surpris par l'hiver. Souhaitant à Mlle du Voyer tout le bonheur possible dans sa sainte destinée, je la place sous la protection de Notre-Dame du Bon-Secours." Suivaient les salutations d'usage et la signature de la fondatrice.

la présente   cette lettre
aviser   informer

réclame   demande

le Sulpicien   a priest of the order of St-Sulpice

se retirera   s'en ira

regagner   arriver à

d'usage   habituelles

Jeanne est atterrée. A ce moment, la porte s'ouvre et Marie entre, les yeux brillants. Pour ne pas rompre le charme sous lequel elle demeure, elle passe devant son amie sans parler et, la saluant d'un petit signe de la main, elle grimpe l'escalier raide qui conduit au grenier où les jeunes filles dorment. Avec l'égoïsme des amoureux, elle allait rêver à son bonheur, sans réaliser qu'il venait tout juste de s'écrouler.

atterré   stupéfié
rompre   break

s'écrouler   fallen to pieces

Jeanne s'approche de la porte et voit près des marches la forme immobile de l'Indien qui attend. Comme tantôt lorsqu'elle a cru ses amis en danger, aussi instinctivement, aussi rapidement, la résolution de la jeune fille se cristallise. Elle se tourne vers la veuve Myrand qui, la bougie à la main, espère bien que toutes ses pensionnaires agitées régleront enfin leurs problèmes et la laisseront se coucher.

la pensionnaire   boarder

— Madame Myrand, si vous pouvez m'aider à tirer mon coffre près de la porte, cet Indien m'aidera à le sortir. Si vous voulez bien me laisser la chandelle et me donner de quoi écrire, vous pourrez vous coucher et je ne vous

de quoi   what I need

réveillerai pas en partant à l'aube.

— Ah! fit la veuve sans grand intérêt. C'est vous la demoiselle du Voyer?

— C'est moi, dit Jeanne calmement. Et mon fiancé m'attend à Ville-Marie.

Sur la berge du St-Laurent, septembre 1672

la berge   la rive

"Chère Marie,

J'écris à plat ventre sur le sol détrempé. J'étrenne le cahier offert à bord du bateau par Mère Bourgeoys pour y écrire mes pensées spirituelles. Je suis censée être au sec sous une bâche qu'un père sulpicien et un des voyageurs ont bien galamment tendue sur des perches et qualifiée d'abri. La pluie glisse sur les feuilles et tout ce que je touche, mange ou respire est mouillé. Les Indiens ont réussi un feu qui fume entre deux roches, et leurs peaux luisantes s'éclairent d'éclats rouges. On m'a donné je ne sais quel mets appelé pemmican, à la fois gras et dur. Les femmes mentionnées dans la lettre de Mlle Bourgeoys sont deux Huronnes aussi sauvages et silencieuses que leurs hommes.

à plat ventre   lying on my stomach
le sol   la terre
détrempé   mouillé
étrenne   emploie pour la première fois
censé   supposed
la bâche   tarpaulin
la perche   pole
qualifié de   appelé
l'abri (m)   shelter

luisant   shiny
s'éclairent   light up
l'éclat (m)   flash
le mets   dish
gras   greasy

Depuis deux jours, les Indiens, les voyageurs et les deux pères sulpiciens ont avironné, courbés sous la pluie, longeant la berge sauvage du fleuve. Après le Cap Rouge, aucune habitation, excepté deux fermes isolées et les ruines calcinées d'une troisième.

avironné   paddled
courbé   bent over

calciné   burned

On m'appelle Mademoiselle du Voyer, et je réponds comme si ce nom était le mien depuis toujours. Que dira le sieur Simon de Rouville lorsqu'il découvrira la supercherie? Si jamais tu lis ces lignes ce sera parce que tout sera arrangé. Tu auras le bonheur avec ton Jean, et le sieur de Rouville m'aura acceptée ou refusée. Je suis venue ici comme Fille du Roy pour épouser un colon de la Nouvelle-France et je savais bien au fond, tout au fond, que mes beaux rêves d'un fier militaire, d'un galant seigneur ou d'un riche fermier n'étaient que cela … des rêves.

la supercherie   ruse

le colon   settler
au fond   deep down

Si au moins ton rêve à toi se réalise, une de nous deux aura réussi. Voilà mon beau cahier tout gondolé, et l'écriture presque illisible. Ça ne fait rien, je n'écris pas pour être lue, mais pour être moins seule."

Un autre feu de camp.

gondolé   crumpled
illisible   illegible

"Le voyage continue entre des rives désertes. Ce fleuve est si large qu'on perd souvent de vue l'autre berge. Je pense sans cesse à la déception du sieur de Rouville lorsqu'il verra, à la place de la jolie cousine qu'il attendait, une orpheline aux nattes tirées, à la figure pâlotte, aux yeux fades. Même comme gouvernante, est-ce cela qu'il souhaite? Et tout à coup je pense que son

la déception   le désappointement

la natte   braid
pâlotte   un peu pâle

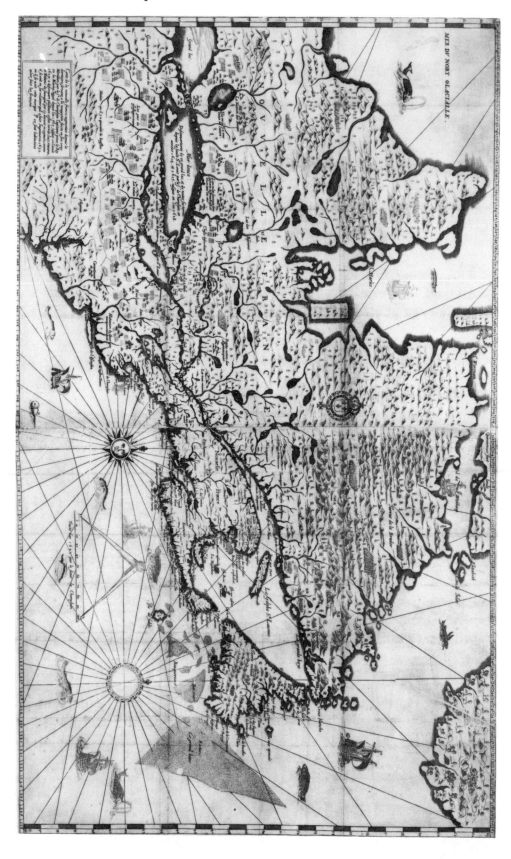

choix engagera toute ma vie, et j'ai très peur, beaucoup | engagera   will determine
plus que des Iroquois. Demain nous arriverons. Si la pluie
cesse, mes cheveux sècheront peut-être?"

Ville-Marie, septembre 1672

"Chère Marie,
Ton fiancé m'a vue, et je ne sais pas encore comment
interpréter sa réaction. Voici ce qui est arrivé.

Après avoir longé une île appelée Sault Normand, le
canot a viré brusquement et pointé vers la rive. J'ai | viré   tourné
aperçu près de l'embouchure d'une petite rivière la | l'embouchure (f)   la bouche
palissade d'un fort. A gauche parmi les arbres touffus, | touffu   thick
quelques champs cultivés entouraient une chapelle et
une couple d'édifices de pierre qui m'ont paru des
granges mais qu'un père sulpicien m'a désignée fièrement | désigné   pointed out
comme l'hôpital de l'Hôtel-Dieu de Mlle Mance et l'école
Bon-Secours de Mlle Bourgeoys. Ça et là quelques
maisons, et au loin la silhouette d'une montagne ronde
surmontée d'une croix: le Mont Royal. | surmonté   topped

Dès que le canot fut à une centaine de pieds de la
berge, tous les voyageurs ont lancé de grands cris en
agitant leur aviron. A ce bruit, les soldats ont tiré du | l'aviron (m)   paddle
mousquet en l'air, les cloches de la chapelle se sont | tiré   fired
mises à carillonner, et des gens, hommes, femmes et | carillonner   ring
enfants ont surgi des maisons et des bois, et dévalé la | dévalé   descendu
pente pour venir à notre rencontre. | à notre rencontre   to meet us

Les voyageurs et les Indiens ont échoué les canots et | échoué   beached
ont sauté à l'eau, quelques-uns jusqu'à la taille, malgré la
température fraîche. On m'a ordonné de rester assise, et
tous ont soulevé la lourde embarcation et l'ont déposée | soulevé   lifted
au sec sur le sable. Je me sentais vraiment fille du Roy. | déposé   mis
Un voyageur a crié: | le sable   sand
— De Rouville, voilà ta fiancée.

Un homme grand et mince s'est avancé, vêtu de la
chemise à franges des coureurs des bois. Il s'est appuyé
sur son long fusil et m'a regardée longuement, en silence.
Le soleil couchant m'empêchait de voir son visage et | couchant   setting
éclairait le mien que je sentais déjà rougissant. Pour un
fiancé, il ne me parut pas galant. Peut-être était-il déçu? | déçu   désappointé
J'avais juste eu le temps de poser au hasard, | au hasard   blindly
probablement de travers, une coiffe sur mes cheveux | de travers   askew
ébouriffés. La vie de camp n'est pas propice à la | ébouriffé   en désordre
coquetterie. | propice   favourable
| la coquetterie   stylishness

Pourtant, une phrase aimable ne coûte rien, ni un mot
de bienvenue. Mon fiancé dit brusquement:
— Je vous verrai ce soir à Bon-Secours, et, tournant les
talons, il s'en alla discuter avec un des Hurons qui nous
accompagnaient.

Heureusement, les femmes firent grand cas de moi, | grand cas   fuss m'interpellant et désirant des nouvelles de Québec et de la France. Elles s'informaient des gens de la colonie et des prix en Europe. Mal renseignée sur les deux, je ne dus pas faire grande impression. On me conduisit avec mon coffre à l'école qui était, comme je l'avais deviné, une ancienne grange et on m'y laissa aux mains d'une demoiselle Catherine Crolo, et des autres assistantes de Mère Bourgeoys.

Après un souper qui me parut un banquet parce qu'il offrait des légumes et des fruits frais après les rations du voyage en canot et de la traversée, je me parai de mes plus beaux atours. Malgré tous mes soins, la seule petite glace que je trouvai dans l'école me montra toujours la même figure pâle, les mêmes yeux gris cernés. La fatigue me rend terreuse, et j'étais épuisée et nerveuse. Je pensais avec attendrissement à toi et à Jean, et votre bonheur me donnait du courage.

Lorsque le sieur de Rouville se présenta, tôt après le repas, il n'avait pas lâché sa précieuse arme à feu. De près, sa figure bronzée me plut assez. Il a les traits réguliers, les yeux pâles et perçants et des cheveux noirs qu'il porte courts. Il semblait très mal à l'aise et je ne peux le blâmer, car Mademoiselle Crolo, prenant son rôle de chaperon au sérieux, ne nous quitta pas un instant.

Comme premières paroles, "notre" fiancé annonça:

— Si cela vous convient, Mlle du Voyer, le père Lefebvre, supérieur du Séminaire, bénira notre mariage dès vendredi, car nous devons partir pour mon domaine avant l'hiver.

Un domaine? Quel domaine?

J'avais l'impression de devoir arrêter un cheval emballé. Je ne savais par où commencer mes protestations et explications. J'allai au plus pressé.

— Je ne suis pas Mlle du Voyer. Et tout d'un trait, j'expliquai plus ou moins clairement ton histoire.

Sa réaction fut inattendue.

— Mais vous êtes tout de même une Fille du Roy? Vous êtes prête à vous marier vendredi? Je dois aller tout de suite avertir le père Lefebvre du changement de nom.

Et il se sauva comme devant un dragon.

J'hésitais entre la colère et les larmes lorsqu'il surgit de nouveau dans la salle.

— J'ai mal compris votre vrai nom. Quel est-il?

Je le lui ai lancé à la tête et voilà comment j'épouserai vendredi un parfait étranger pour aller vivre dans un domaine inconnu avec l'approbation du supérieur du Séminaire et la bénédiction de toute la colonie. J'espère que tu seras heureuse, Marie. J'ai l'impression que j'achète ton bonheur avec le mien."

interpellant   calling out

dus   must have

me parai   m'habillai
les atours (m)   finery
le soin   care
la glace   le miroir
cerné   with dark circles
terreuse   ashen
épuisé   exhausted
avec attendrissement   tenderly

lâché   let go of

plut   pleased

perçant   penetrating

convient   is suitable

bénira   will bless

dès   as early as

emballé   runaway

allai au plus pressé   dealt with the most important thing first
tout d'un trait   at one go

inattendu   unexpected

avertir   informer

se sauva   partit

Ville-Marie, 7 septembre 1672

"Chère Marie,

Je termine ce cahier par le piteux récit de mon
mariage. Je le laisserai entre les mains de Mademoiselle
Crolo et, dans un an, quand nous reviendrons à Ville-
Marie pour vendre les fourrures trappées par mon mari
durant l'hiver, j'y ajouterai un épilogue. S'il est heureux,
tu recevras ce cahier par un courrier; s'il est malheureux,
je le brûlerai et tu croiras que ton amie a disparu dans la
nature sauvage, et tu la pleureras un peu en berçant tes
enfants blonds.

Comme cadeau de noce, mon fiancé m'a remis
solennellement … un mousquet, m'adjurant de ne jamais
m'en séparer. Tous les hommes l'ont admiré, et je me
demandais que dirait Mère de Chablais et nos compagnes
de la Congrégation d'un tel présent. Il semble que le
sieur de Rouville ait perdu une femme aux mains des
Iroquois et n'ait pas l'intention d'en sacrifier une
seconde.

La cérémonie du mariage, comme tout en Nouvelle-
France, a été simple et rapide. Le marié et les invités ont
déposé leurs armes à la porte de la chapelle et les ont
reprises dès leur sortie. On craint les Iroquois même
dans la ville. Le marié portait un habit de lainage et
semblait bien mal à l'aise dans ses souliers durs. Si bien
que pour danser après la noce, il a remis ses mocassins.

Tout le monde a pris bien naturellement mon
changement de nom; de du Voyer me voilà Chatel et
l'instant après Madame de Rouville. On n'a pas le souci
des détails ici. La vie est trop courte et trop intense.

Au seuil de la chapelle, lorsqu'on me félicitait, trois
personnes m'ont dit comme je ressemblais à Aimée, la
première femme du sieur de Rouville. Je m'explique
maintenant pourquoi il m'a si vite acceptée. Cette
ressemblance lui donne l'illusion de reprendre sa vie au
point où elle a été brisée. Il était en voyage de chasse
lorsque les Iroquois ont brûlé sa maison et massacré sa
femme et son fils; la servante huronne a fui dans la forêt
avec les deux autres enfants. Et par miracle, cette femme,
qu'il se reproche de n'avoir pas bien défendue, lui est
rendue grâce à une malheureuse ressemblance. Le sieur
de Rouville va avoir la chance inouïe de refaire sa vie
littéralement. Cela explique le don du mousquet, et aussi
le découragement de ton amie. Non contente d'avoir été
une fiancée "d'occasion," voilà que je deviens une épouse
"second violon." Nous partons immédiatement en canot
pour le nord de la région où mon mari a une maison, un
champ et ses terrains de chasse. En route, nous

piteux   piteous

en berçant   while rocking

remis   donné
adjurant   demandant

de lainage   woollen

a le souci   be worried about

le seuil   threshold

la chasse   hunting

fui   fled

se reproche   se blâme

inouïe   extraordinaire
le don   le cadeau

d'occasion   accidentelle

les terrains (m)   grounds

prendrons ses deux enfants hébergés dans une famille. | hébergé   sheltered
Une vieille Huronne, qui était la servante de sa première
femme, nous accompagnera. Et nous passerons l'hiver
(qu'on dit long et froid) dans un coin perdu de la forêt.
Je me laisse ballotter par les événements, indifférente à | ballotter   be tossed about
tout, trop dépaysée pour avoir des réactions, trop | dépaysé   out of place
ignorante pour nourrir des espoirs. Que sera cet hiver, | ignorant   uninformed
mon premier en Nouvelle-France entre ce seigneur
silencieux, cette Huronne taciturne et les enfants de
cette Aimée dont je prends la place? Tu le sauras dans un
an. Adieu, Marie. Que Dieu nous garde."

Ville-Marie, août 1674

"Chère Marie,

Ce n'est pas une année, mais deux qui se sont
écoulées, depuis que j'ai remis ce cahier jauni à Mlle | écoulé   passed
Crolo. J'y retrouve mes angoisses de jeune mariée et ma
promesse d'un épilogue. Le voici. Des voyageurs partent
ce soir pour Québec pour échanger les fourrures des
chasseurs du nord. Ils te porteront ce récit.

Notre voyage a débuté pendant ce que nous appelons | débuté   commencé
"l'été des sauvages." La Nouvelle-France se paraît de ses
plus beaux atours, et notre canot glissait à travers la forêt
d'automne. Mon mari était silencieux, comme tous les
hommes des bois. A chaque campement, il m'enseignait
très sérieusement à me servir de mon arme. Et je pensais, | me servir de   employer
pendant que son bras fort m'entourait pour diriger mon | entourait   was around me
tir: "Comme il voudrait que ce fût l'autre." | diriger   control
| le tir   shot
| craintif   fearful

Les enfants, tout pâles et craintifs, mal logés, mal
nourris, ont cru reconnaître leur mère, et m'ont brisé le
coeur en m'appelant timidement: "Maman." J'avais
l'impression de voler une morte.

Après des jours de voyage, nous sommes arrivés au
"domaine" de mon seigneur et maître: et quel domaine!
Il en a montré chaque pouce avec orgueil. Un champ | le pouce   inch
grand comme le pont d'un bateau, les ruines calcinées | avec orgueil   proudly
d'une maison et à côté une habitation longue de dix
pieds, en billots non équarris, éclairée par une porte | le billot   log
fermée d'une peau. Il disait fièrement: "Avant, c'était la | équarri   squared
forêt." Et je pensais: "Mais c'est encore la forêt." Et loin
de la craindre, je l'ai aimée.

Tant bien que mal, j'ai installé tout le monde dans cette | tant bien que mal
cabane sombre. Devant les figures tristes des petits si peu | somehow or other
habitués à rire et tellement dépaysés, j'ai eu une
inspiration. "Ce qui presse le plus, c'est de faire une | presse le plus
poupée à Anne et un ballon à Pierre." De mon coffre de | est le plus important
Fille du Roy, j'ai tiré les fameux bas blancs, j'en ai
fabriqué une poupée à qui j'ai donné une mèche de mes | la mèche   lock
cheveux, et des lèvres rouges. L'autre bas, rempli de

feuilles mortes est devenu un ballon artistiquement décoré de charbon et de safran. Les enfants ont ri, ils ont couru et joué, et à partir de ce moment, Marie, la cabane de bois rond a été ma maison, mon foyer.

le safran   saffron

Chaque jour, j'ai cherché des moyens d'améliorer notre sort. La Huronne Gansagonas a été un professeur merveilleux. Elle nous a montré les chants de sa tribu et des recettes rustiques. Tu le sais, j'ai toujours été bruyante; après m'être efforcée pendant des jours à la pondération, ma nature a repris le dessus et plus je riais et chantais, plus les enfants s'épanouissaient. Même Simon se mêlait à nos discussions animées.

améliorer   better
le sort   condition in life

m'être efforcé   having made every effort
la pondération   being level-headed
repris le dessus   regained the upper hand
s'épanouissaient   opened up
se mêlait   participait

Gansagonas m'a dit un jour:

—Jamais le seigneur n'avait ri et chanté. Sa première femme était toujours triste, la maison silencieuse.

La neige nous a isolés pendant des mois, enfermés pendant des jours entiers. Simon chassait, tendait des collets, recueillait des fourrures. J'en ai fabriqué des vêtements chauds, sous la direction de l'Indienne, et les petits rentraient avec des joues roses de froid. Je me suis habituée à vivre un mousquet sur l'épaule, sans jamais m'éloigner plus de cent pieds de la maison. J'ai appris des choses essentielles qu'on ne nous a pas montrées au couvent. Confectionner des raquettes et des mocassins, fabriquer de la bière d'épinette pour combattre le scorbut, faire bouillir des racines contre la fièvre et frotter le nez avec de la neige pour le dégeler. Je sais préparer le pemmican et allumer un feu de bois vert, tanner une peau et recueillir le miel sauvage. Nous avons eu froid et faim aussi. Mais pour la première fois de ma vie, j'étais heureuse, épanouie, utile, et il faut bien le dire … amoureuse.

enfermé   imprisoned

le collet   snare
recueillait   gathered

confectionner   faire
l'épinette (f)   spruce
le scorbut   scurvy
faire bouillir   boil
la racine   root
frotter   to rub
dégeler   thaw

épanoui   fulfilled

Car j'ai bien compris que je n'avais pas à craindre la mémoire de la pauvre morte. Elle s'effaçait dans la mort comme elle l'avait fait dans la vie, petite ombre peureuse et triste.

s'effaçait   disparaissait
l'ombre (f)   shadow

Au printemps, je portais notre fils, et pour être plus à l'aise, je me suis fabriqué une robe à la huronne, en cuir souple. Je chausse toujours des mocassins, ma peau s'est bronzée, ma figure arrondie, et mes yeux brillent. Dans l'eau de la rivière je me trouve presque jolie. Et Simon m'appelle sa loutre, lorsqu'il caresse mes cheveux.

le cuir   leather
chausse   mets
arrondi   filled out

la loutre   otter

La vie ici est toujours à la merci des terribles Iroquois. Chaque année les Cinq Nations deviennent plus menaçantes. Le poids de cette échéance en écrase plusieurs et semble donner aux autres le besoin de vivre plus intensément. Je suis de ceux-là. Je compte les heures de ma vie heureuse comme un avare son trésor.

l'échéance (f)   eventual reckoning

l'avare (m)   miser

On me dit que ton époux prospère dans le commerce de son père, mais que tu désires retourner vivre en

France. Où que tu ailles, Marie, ma reconnaissance
t'accompagne. Je termine ce cahier en te remerciant
d'avoir fait mon bonheur.

    Nous achevons la construction de notre maison. Elle
n'est pas grande. Elle a deux pièces et un grenier, mais
c'est mon palais, dans le domaine de mon seigneur et,
entourée de mes enfants, j'y vivrai et j'y mourrai en fille
du Roy.''

la reconnaissance   gratitude

achevons   finissons

Découvertes folkloriques

Le Diable et le champignon

Michel Tremblay

C'était un grand diable. Comme tous les diables, il avait une queue. Une drôle de queue. Une queue de diable, toute longue. Et qui se terminait en pointe de flèche.

Il marchait sur la route et toutes les filles qu'il rencontrait s'enfuyaient. Lorsqu'elles étaient rendues chez elles, elles criaient:

— J'ai vu le diable! Le diable est là, je l'ai vu! C'est vrai, je vous le dis!

Et le diable continuait sa route.

Il arriva à une auberge.

— A boire! cria le diable.

On lui servit à boire. L'aubergiste avait peur.

— Tu as peur du diable? demanda le diable.

— Oui, répondit timidement l'aubergiste et le diable rit.

— Ton vin est bon, aubergiste, je reviendrai!

L'aubergiste baissa la tête en s'essuyant les mains sur son tablier d'aubergiste. Blanc. Mais sale. Avec dessus des traces de sauces, de viandes, de légumes qu'on vient d'arracher de terre, de charbon aussi parce qu'il faut bien allumer les fourneaux, le matin. "Pour une fois, pensait l'aubergiste, j'aurais préféré que mon vin fût moins bon!" Et le diable qui lisait dans les pensées comme tous les diables rit plus fort.

Mais quelqu'un était entré dans l'auberge et le diable se tut. C'était un garçon. Un garçon jeune avec une figure belle.

— D'où vient ce roulement de tambour que j'entends? demanda le diable.

— Je ne sais pas, répondit le garçon. Ce roulement de tambour m'accompagne partout depuis que je suis né sans que je sache d'où il vient. C'est toujours comme ça. Il est toujours avec moi.

Le diable s'approcha du garçon.

— Tu es soldat? demanda le diable. Et à l'instant même le tambour s'arrêta.

— Soldat? Qu'est-ce que c'est? demanda le garçon.

— Comment, s'écria le diable, tu ne sais pas ce que c'est qu'un soldat? Aubergiste, voilà un garçon qui ne sait pas ce que c'est qu'un soldat!

L'aubergiste, qui était retourné à sa cuisine, revint dans la salle et dit:

— Moi non plus je ne sais pas ce que c'est qu'un soldat.

une drôle de queue
   a strange tail
la pointe de flèche
   arrowhead
s'enfuyaient   ran away
rendu   arrivé

l'aubergiste (m)   innkeeper

en s'essuyant   while wiping
le tablier   apron
dessus   on it
le charbon   coal
le fourneau   stove

se tut   fell silent

le roulement de tambour
   drum roll

à l'instant même   at that
   very moment

s'écria   cried out

—Mais voyons, cria le diable, voyons, voyons! Un soldat, c'est quelqu'un qui fait la guerre!

—La guerre? dit le garçon. Qu'est-ce que c'est?

—Tu ne sais pas ce que c'est que la guerre? demanda le diable.

—Non. C'est là un mot que je ne connais pas, répondit le garçon.

—C'est un mot tout nouveau pour nous, ajouta l'aubergiste.

Alors le diable en furie hurla:

—Aurais-je oublié d'inventer la guerre?

Sur la route, près de l'auberge, une petite fille chantait:

"Une femme a ouvert la porte.
Le diable a crié: 'Mourez'
La femme à l'instant est morte
Et dans les enfers est allée."

—Je veux un morceau de charbon, cria le diable.

L'aubergiste lui en apporta un.

—Il n'est pas assez gros. Il me faut un gros morceau de charbon. Il me faut le plus gros morceau de charbon!

L'aubergiste lui donna alors le plus gros morceau de charbon qu'il avait.

—Il n'est pas encore assez gros! dit le diable.

L'aubergiste répondit:

—Il n'y en a pas de plus gros. C'est lui, le plus gros. Le plus gros que j'ai.

—C'est bon, fit le diable, contrarié, puisque c'est le plus gros que tu as …

Alors le diable monta sur la table et fit ce discours:

—Vous qui ne savez pas ce que c'est que la guerre, ouvrez bien grandes vos oreilles!

La salle de l'auberge était pleine à craquer.

—Regardez sur ce mur, continua le diable. Avec ce mauvais morceau de charbon, je vais vous montrer ce que c'est que la guerre!

Le diable commença à dessiner farouchement. Le dessin qu'il fit était le dessin d'un champignon. Un immense champignon qui emplissait le mur de l'auberge. Quand il eut fini, le diable revint sur la table et déclara:

—Voilà. Je vous ai dessiné une guerre. Une petite guerre, mon morceau de charbon étant trop petit pour que je puisse vous en dessiner une grosse, une vraie.

Tout le monde disparut et il ne resta plus dans l'auberge que le diable, le garçon et l'aubergiste.

—Mais c'est un champignon! dit le garçon en riant. Et un soldat, c'est quelqu'un qui cultive les champignons?

—Tu ne comprends rien, dit le diable en faisant tourner sa queue, rien de rien. Ce champignon-là, n'est pas un champignon ordinaire! Tu sais ce que c'est qu'un fusil?

mais voyons   but look here

hurla   shrieked

les enfers (m)   hell

le discours   speech

plein à craquer   jammed full

farouchement   wildly
le champignon   mushroom
emplissait   filled

— Oui, répondit le garçon.

— Ah! voilà au moins une chose que je n'ai pas oublié d'inventer, c'est déjà ça. Tu as un fusil?

— Oui.

— Va me le chercher tout de suite. La guerre ne peut attendre. Elle a assez tardé!

tardé   been delayed

Le garçon alla chercher son fusil pendant que le diable buvait une autre bouteille de vin (c'était un diable un peu ivrogne).

ivrogne   drunk

L'aubergiste regardait le champignon qui était sur le mur. "Quand même, un si gros champignon … quelle économie!" Et il retourna à sa cuisine.

Le diable, lui, n'était pas content. "Imbécile, se disait-il, espèce d'imbécile, de stupide que je suis! Voilà pourquoi nos affaires allaient si mal! J'avais oublié d'inventer la guerre! Ah! mais ils ne perdent rien pour attendre! Je vais leur en tripoter une sucrée, de guerre! Une vraie de vraie! Ah! ils ne savent pas ce que c'est que la guerre! Ils ne seront pas long à l'apprendre!"

espèce d'imbécile
  you crazy idiot

tripoter   to whip up
une sucrée   a hot one!

Déjà, le garçon était là avec son fusil. Quand le diable vit le fusil du garçon, sa colère redoubla. Comment, c'était là un fusil? On le prenait pour un idiot, ou quoi? Tout rouillé! Tout crotté! Même qu'il y manquait des morceaux! Le diable prit le fusil et le tordit. Le garçon ouvrit grand les yeux et dit:

rouillé   rusted
crotté   covered with mud
manquait   were missing
tordit   twisted

— Oh!

Le diable s'approcha du foyer, prit le tisonnier et en soufflant dessus en fit le plus beau fusil qu'on avait jamais vu. Le garçon dit au diable:

le foyer   hearth
le tisonnier   poker
en soufflant   blowing

— Je peux le toucher?

— Mais comment donc, répondit le diable. Il est à toi. Je te le donne!

Le garçon le remercia.

— Ne me remercie pas, cela me déçoit toujours!

déçoit   désappointe

Le garçon serrait le fusil contre lui, et l'embrassait. Il commença à danser en le tenant dans ses bras comme si c'était une femme.

serrait   held tight

— Tu l'aimes bien, le fusil, hein? fit le diable.

— Oh! oui, répondit le garçon en dansant. Le diable l'arrêta d'un geste.

— Comment appelle-t-on le pays voisin? le pays qui touche au tien? demanda-t-il au garçon.

Ce dernier sembla très surpris.

— Le pays voisin? Mais il n'y a pas de pays voisin! Il n'y a qu'un pays, le monde. Le monde est un pays. Le mien.

Le diable flanqua deux gifles au garçon qui tourna deux fois sur lui-même.

flanqua deux gifles
  slapped twice

— A-t-on déjà vu gens aussi ignorants! rugit le diable.

rugit   roared

Le monde, un pays? Mais vous êtes tous fous! Voyons …
pour faire une guerre, il faut au moins deux pays. Disons
que le village qui se trouve de l'autre côté de la rivière
est un autre pays. Un pays ennemi. Surtout, ne me dis pas
que tu ignores ce que veut dire le mot ennemi ou je te
flanque deux autres gifles! Tu hais les gens de l'autre
village … tu les hais de tout ton coeur, tu entends?

— Mais ma fiancée …

— Et ta fiancée aussi! Elle, plus que les autres! Tu les
hais tous et tu veux les tuer!

Le garçon bondit sur ses pieds.

— Avec mon fusil? cria-t-il. Mais c'est impossible! Nous
ne nous servons de nos fusils que pour tuer les oiseaux
ou les animaux …

— Tu veux les tuer avec ton fusil parce que c'est
comme ça que doit commencer la première guerre! Tu
seras le premier soldat!

— Il faut donc tuer des gens pour faire la guerre? dit le
garçon en regardant le champignon.

— Oui, c'est ça. Faire la guerre, c'est tuer des gens. Tu
verras comme c'est amusant!

— Et le champignon? demanda le garçon.

— Le champignon? Il viendra plus tard. Beaucoup plus
tard. Tu seras peut-être mort.

— Tué?

— Probablement.

— Dans la guerre?

— Oui.

— Alors, je ne veux pas être soldat. Ni faire la guerre.

Le diable monta sur la table et poussa un terrible
hurlement.

— Tu feras ce que je te dirai de faire! cria-t-il ensuite au
garçon.

L'aubergiste sortit de sa cuisine.

— Je voudrais que vous me disiez où je pourrais
trouver un champignon aussi gros que celui-là qui est sur
le mur, dit-il en montrant le champignon.

— Retourne à ta cuisine, homme ignorant! hurla le
diable. Ce n'est pas toi qui mangeras ce champignon,
c'est lui qui te dévorera!

Le diable descendit de la table, prit le garçon par les
épaules, le fit asseoir et lui dit:

— Tu es un homme, je suppose que tu aimes te
battre … Non, ne m'interromps pas, j'ai compris. Tu ne t'es
jamais battu, n'est-ce pas? Si je ne l'étais pas déjà, tu me
ferais sûrement damner … Ecoute … Il doit bien y avoir
quelqu'un que tu n'aimes pas particulièrement …
quelqu'un que tu pourrais haïr et avec qui tu pourrais te

battre … Il ne t'est jamais arrivé de sentir le besoin de
haïr? Le besoin de te battre?

Le garçon répondit tout bas:

— Oui, j'ai déjà ressenti ce besoin et j'aimerais me
battre avec …

— Qui, qui? cria le diable.

— Le frère de ma fiancée qui s'oppose à notre mariage.

La porte de l'auberge s'ouvrit aussitôt et le frère de la
fiancée parut.

— Vas-y, souffla le diable à l'oreille du garçon, profite
de l'occasion! Personne ne vous verra ni ne vous enten-
dra. Provoque-le … dis-lui des choses désagréables …
la bataille viendra toute seule.

souffla   whispered

la bataille   battle

Le garçon se leva, s'approcha du frère de sa fiancée et
lui dit quelque chose à l'oreille. Le frère sursauta et
regarda le garçon avec de grands yeux interrogateurs.
Alors le garçon lui cracha à la figure. Les deux hommes
sortirent de l'auberge pendant que le diable regardait par
la fenêtre.

sursauta   gave a start
interrogateur   questioning
cracha   spit

Deux minutes plus tard, le garçon rentra dans
l'auberge. Il était couvert de poussière et ses vêtements
étaient éclaboussés de sang. Il avait une lueur au fond des
yeux et il souriait.

éclaboussé   spattered
la lueur   glow

— Je l'ai tué, cria-t-il, je l'ai tué et j'ai joui de le voir
mourir!

Une fanfare envahit la cour de l'auberge. Une fanfare
de diables qui jouait des airs que les soldats aiment.

la fanfare   band
envahit   invaded

— Suivons la fanfare, dit le diable au garçon. Allons au
village voisin annoncer aux paysans que tu as tué leur
fils … Ils sortiront leurs fusils … voudront t'attaquer …
les tiens viendront te défendre … Allons-y, soldat, la
guerre nous attend!

le paysan   le fermier
sortiront   will take out

La fanfare, le diable et le soldat partirent dans la
direction du village voisin. Et la fanfare jouait de beaux
airs, et le diable dansait, et le garçon riait … Alors le
soldat se multiplia: deux soldats, puis quatre soldats, puis
huit, puis seize, puis trente-deux, puis soixante-quatre,
puis cent vingt-huit, puis deux cent cinquante-six, puis
cinq cent douze, puis mille vingt-quatre, puis deux mille
quarante-huit, puis quatre mille quatre-vingt-seize … Il y
eut des injures, des insultes, puis des coups, puis des
coups de fusil; on courait, on se cachait, on attaquait, on
se défendait, on se tuait, on tombait, on se relevait, on
retombait … Arrivèrent les fusils; toutes sortes de fusils,
des petits, des moyens, des gros, des moins petits et des
plus gros, des plus petits et des moins gros; puis des
canons, des mitraillettes, des avions munis d'armes, des
navires munis d'armes, des autos, des trains, des

se multiplia   multiplied

l'injure (f)   taunt

se relevait   got up

moyen   medium size

la mitraillette   machine gun
muni   équipé

tracteurs, des autobus, des voitures de pompier, des
bicyclettes, des trottinettes, des voitures de bébés munis
d'armes ... La lutte augmentait toujours, toujours, sans
jamais s'arrêter. Cela durait, et durait, et durait, et
durait ...

Puis, un jour où le ciel était clair, le diable fit un petit
signe de la main et le champignon parut.

la voiture de pompier
   fire engine
la trottinette   scooter
la lutte   battle
augmentait   devenait plus grande

La Chasse-galerie

Robert Choquette

Satan, roi des enfers,
Enlève-nous dans les airs!
Par la vertu de Belzébuth,
Mène-nous droit au but!
Acabris, acabras, acabram,
Porte-nous par-dessus les montagnes!

la chasse-galerie
  flying canoe
l'enfer (m)   hell
enlève   sweep away
la vertu   power

Qui parlait de cette façon au Prince des Ténèbres, et quand et pourquoi? Cette sorte de pacte avec le diable remonte aux années où nos bûcherons passaient l'hiver loin de leurs foyers ou de leurs blondes. Ce n'est pas à raquette ou même en traîneau qu'on pouvait descendre célébrer Noël ou le jour de l'an dans sa ville ou son village. Il n'existait qu'une manière. Mais le danger était terrible: on y risquait son salut éternel.

le Prince des Ténèbres
  Prince of Darkness

remonte   goes back
le bûcheron   lumberjack
le foyer   la maison
la raquette   snowshoe
le traîneau   sled

le salut   salvation

Ceux qui acceptaient ce risque, c'est en canot qu'ils voyageraient. En canot d'écorce, oui. Les lacs et les rivières étaient gelés? Aucune importance, puisqu'on voyagerait dans les airs. Dans les airs à bord d'un canot devenu magique. Il suffisait pour cela que les hommes prêts à risquer leur âme fussent en nombre pair: quatre, ou six, ou huit, et qu'ils prononcent les mots magiques qu'attendait Belzébuth.

l'écorce (f)   bark

il suffisait   tout ce qui était
  nécessaire
pair   even

Peu d'hommes osaient cette aventure et ils agissaient dans le plus grand secret. Sur la pointe des pieds, ils se faufilaient hors du dortoir commun, et ils prenaient place à bord d'un canot. Fallait faire vite, car le pacte exigeait qu'ils fussent de retour avant l'aube. Sinon, leur âme appartenait au diable, — et quand on perd, c'est pour longtemps.

agissaient   acted

se faufilaient   crept
hors   out
le dortoir   dormitory
exigeait   required
appartenait   belonged

Cette fois-là, c'était dans un chantier de la rivière Gatineau. Le lendemain serait le premier de l'an. Toute la journée les maris avaient pensé aux femmes, aux enfants, aux amis; les célibataires, à Charlotte, à Pauline, à Marie-Flore … La nuit venue six hommes, chacun célibataire, s'installaient dans le canot. Etant celui dont l'aviron servirait de gouvernail, un nommé Crin-Blanc prit place à l'arrière. Mauvaise tête et sacreur, Crin-Blanc n'en possédait pas moins l'avantage d'avoir déjà couru la chasse-galerie. Il savait ce qu'il fallait faire, et surtout ne pas faire.

le chantier   lumber camp

le célibataire   bachelor

l'aviron (m)   paddle
le gouvernail   rudder
l'arrière (m)   back
la mauvaise tête   wretch
le sacreur   curser

— Vous avez ôté votre scapulaire, vos médailles? Vous avez compris que d'ici à demain matin personne ne doit

ôté   taken off
le scapulaire   scapular, religious
  garment

prononcer le nom de Dieu ou celui de sa sainte mère? Compris qu'il faut éviter qu'un aviron touche une croix de clocher? Dernière précaution importante: pas une goutte de boisson forte avant le retour. Donc, attention! C'est Belzébuth qui fournit le voyage.

éviter   avoid
la croix   cross
le clocher   steeple
la goutte   drop
la boisson forte   hard liquor
fournit   is providing

—Acabris, acabras, acabram! répondit une seule voix, qui était celle de tous.

Le canot monta droit dans les airs. Il venait de passer aux mains d'une force surnaturelle. Crin-Blanc expliqua qu'on avironnerait tout comme sur l'eau, à cette différence que le canot répondrait à une vitesse inimaginable.

avironnerait   would paddle

En ce vingtième siècle, il n'y a rien d'impressionnant à filer comme un bolide et à regarder les montagnes par en haut. Mais pour ces hommes d'un autre âge, la surprise bloquait la parole.

le siècle   century
filer   speed
le bolide   meteor

bloquait la parole   left them
  speechless

Comment décrire cette nuit bleue et or où plongeaient leurs avirons? C'est sur un grand fleuve de lune qu'ils glissaient à toute allure, au-dessus de forêts devenues flore sous-marine. Ce long miroir? La Gatineau! Après quoi, partout ici et là, ces mouches à feu … des fermes! Car on ne dort pas, la veille du premier de l'an.

à toute allure   at top speed
la flore sous-marine
  underwater flora
la mouche à feu   firefly

—Attention! un objet miroite, droit comme un clocher. C'en est un! N'y touchons pas et n'y pensons pas, car on pourrait prononcer un nom qui ferait l'affaire de Belzébuth.

miroite   glistens

ferait l'affaire de   would
  just suit

—Ma grand-foi du bon …

la grand-foi   great faith

—AÏE! Veux-tu nous faire piquer une tête dans l'Outaouais?

piquer une tête   fall headlong
l'Outaouais   Ottawa River

L'Outaouais fit bientôt place au lac des Deux-Montagnes et les villages se multipliaient. Le chemin étant libre comme l'air, les voyageurs auraient pu filer directement vers Lavaltrie, mais ils tenaient à survoler la grande ville, — et déjà ils y étaient. Les rues et les maisons étaient lumineuses. Quelle merveille, cet éclairage au gaz!

tenaient à   were keen to
survoler   fly over

lumineux   alight
l'éclairage (m)   lighting
la tour   tower

—Si on passait entre les tours de Notre-Dame? proposa Crin-Blanc.

Tous protestèrent, terrifiés. Mais un puissant coup d'aviron fit que les deux tours massives glissèrent de chaque côté plus rapides que l'éclair.

puissant   powerful
le coup   stroke

—Rassurez-vous, mes coeurs, Crin-Blanc est venu au monde l'aviron à la main.

Et le détestable se mit à chanter "C'est l'aviron qui nous mène, mène, mène," pendant que les clochers se remplaçaient à toute allure: Pointe-Aux-Trembles … Repentigny … Saint-Sulpice.

se remplaçaient   succeeded
  each other

—Attention à la croix!

La bonne humeur les gagnait tous, car ce serait bientôt les créatures, les baisers du jour de l'an, le réveillon, la musique et la danse. Et voilà qu'on y était, à Lavaltrie!

Crin-Blanc eut quelque mal à expliquer sa présence à Lavaltrie, car on l'avait imaginé dans les chantiers d'en haut. Il répondrait aux questions, déclara-t-il, après avoir corrigé son retard sur la fête en dansant pendant une bonne heure ou deux et peut-être trois. Sur quoi il saisit la main de la jolie Mathilda, ou peut-être était-ce celle de Géraldine ou celle d'Isabelle, et il se lança dans un reel à quatre avec une ardeur endiablée.

Les compagnons de Crin-Blanc passèrent d'une danse à l'autre jusqu'au moment où l'un d'eux s'aperçut que le chef semblait avoir tourné le dos à la recommandation que lui-même leur avait faite. A l'entendre parler fort et à le voir chanceler sur ses jambes, il était déjà plus que pompette et cela ne promettait rien de bon. Belzébuth devait s'en pourlécher les babines.

Comme l'horloge allait indiquer quatre heures, le compagnon en question conseilla aux autres de disparaître le plus discrètement possible pendant que lui-même entraînerait Crin-Blanc par le bras.

Naturellement, il ne voulait pas. L'autre mit un gros quart d'heure à lui faire comprendre qu'une bouffée d'air frais le remettrait d'aplomb pour mieux continuer à festoyer. Mais on devine qu'à peine dehors, Crin-Blanc se vit garrotter. Comme il se débattait, on le bâillonna. Crin-Blanc rencogné à l'arrière du canot et chacun à son poste, acabris, acabras, acabram, en route pour la Gatineau!

On ne riait plus, on ne parlait plus, on nageait à tour de bras contre le peu de temps disponible avant l'aube. Comme la lune avait disparu, on ne consultait le paysage que pour vérifier si on filait bien vers la Gatineau.

Tout à coup Crin-Blanc s'était dégarrotté et débâillonné! Il cherchait même son aviron! Que faire? Lutter contre lui dans un canot en plein vol? Il les prévint que si quelqu'un le touchait, il prononcerait un mot défendu.

— Je veux ma place à l'arrière! Je veux gouverner!

Et voilà l'aviron tourbillonnant au-dessus des têtes. En voulant se protéger, le compagnon voisin bouscula le forcené. On entendit alors un blasphème qui fit trembler le canot d'un bout à l'autre. Un second blasphème et le canot donnait contre la cime d'un pin géant. Ce fut la dégringolade en pleine nuit, chacun perdant connaissance en cours de route.

Glossary

gagnait   won over

la créature   la femme
le réveillon   New Year's Eve supper

se lança   threw himself

endiablé   furious

chanceler   swaying

pompette   tipsy

se pourlécher les babines licking his chops

conseilla   advised

entraînerait   would drag away

la bouffée   breath

remettrait d'aplomb   would put back on his feet
festoyer   party
garrotter   tied up
se débattait   struggled
bâillonna   gagged
rencogné   crouched

à tour de bras   with strokes of the arm
disponible   left

lutter   struggle
prévint   warned

défendu   forbidden

gouverner   steer

tourbillonnant   whirling

se protéger   protect himself
bouscula   bumped into
le forcené   madman

donnait contre   hit
la cime   top
le pin   fir tree
la dégringolade   fall

L'imprudent voyageur que Crin-Blanc et quelques
autres, dont le patron, trouvèrent endormi dans un banc
de neige, non loin de la cantine, le lendemain matin,
tenant dans sa mitaine glacée une bouteille de rhum   glacé   frozen
plutôt qu'un aviron … Eh bien! oui, et tant mieux pour
son âme, c'est en rêve qu'il avait couru la chasse-galerie.
Mais ça ne prouve pas que ce genre de voyage n'arrivait   le genre   la sorte
jamais. La chose a dû se produire plusieurs fois. Au moins   se produire   se passer
quelques-unes. Au moins une.

Croyez pas?

Découvertes à travers les siècles

De sa grand'amie

Clément Marot

(1496-1544)

Dedans Paris, ville jolie,
Un jour, passant mélancolie,
Je prins alliance nouvelle   prins   pris
A la plus gaye demoyselle
Qui soit d'icy en Italie.

D'honnesteté elle est saisie,   honnesteté (honnêteté)   virtue
Et croy, selon ma fantasie,   croy   crois
Qu'il n'en est guères de plus belle   fantasie   fantaisie
      Dedans Paris.

Je ne la vous nommeray mye,   mye   pas
Sinon que c'est ma grand'amie;
Car l'alliance se feit telle   feit   fit
Par un doulx baiser que j'eus d'elle,   doulx   doux
Sans penser aucune infamie,
      Dedans Paris.

Le Corbeau et le renard

Jean de La Fontaine

(1621-1692)

Maître Corbeau sur un arbre perché,
Tenait en son bec un fromage;
Maître Renard, par l'odeur alléché,
Lui tint à peu près ce langage;
"Hé! bonjour, monsieur du Corbeau,
Que vous êtes joli! que vous me semblez beau!
Sans mentir, si votre ramage
Se rapporte à votre plumage,
Vous êtes le phénix des hôtes de ces bois."
A ces mots, le Corbeau ne se sent pas de joie;
Et pour montrer sa belle voix,
Il ouvre un large bec, laisse tomber sa proie.
Le Renard s'en saisit, et dit: "Mon bon monsieur,
Apprenez que tout flatteur
Vit aux dépens de celui qui l'écoute:
Cette leçon vaut bien un fromage, sans doute."
Le Corbeau, honteux et confus,
Jura, mais un peu tard, qu'on ne l'y prendrait plus.

le corbeau   crow
le bec   beak
le renard   fox
alléché   enticed
tint ce langage   parla

le ramage   song
se rapporte à   corresponds to
le phénix   a rare bird indeed
l'hôte (m)   l'habitant

la proie   booty

le flatteur   flatterer
aux dépens   at the expense

jura   swore
on ne l'y prendrait plus
   he wouldn't be caught again

L'Ecole des femmes

ACTE TROISIÈME
Extrait de la scène ii

Molière

(1622-1673)

ARNOLPHE:

> ... Le mariage, Agnès, n'est pas un badinage:
> A d'austères devoirs le rang de femme engage,
> Et vous n'y montez pas, à ce que je prétends,
> Pour être libertine et prendre du bon temps.
> Votre sexe n'est là que pour la dépendance:
> Du côté de la barbe est la toute-puissance.
> Bien qu'on soit deux moitiés de la société,
> Ces deux moitiés pourtant n'ont point d'égalité:
> L'une est moitié suprême, et l'autre subalterne;
> L'une est en tout soumise à l'autre qui gouverne;
> Et ce que le soldat, dans son devoir instruit,
> Montre d'obéissance au chef qui le conduit,
> Le valet à son maître, un enfant à son père,
> A son supérieur le moindre petit Frère,
> N'approche point encor de la docilité,
> Et de l'obéissance, et de l'humilité,
> Et du profond respect où la femme doit être
> Pour son mari, son chef, son seigneur et son maître.
> Lorsqu'il jette sur elle un regard sérieux,
> Son devoir aussitôt est de baisser les yeux,
> Et de n'oser jamais le regarder en face
> Que quand d'un doux regard il lui veut faire grâce.
> C'est ce qu'entendent mal les femmes d'aujourd'hui;
> Mais ne vous gâtez pas sur l'exemple d'autrui ...

le badinage   frivolity

le devoir   duty
le rang de femme   a wife's position
engage   commits
n'y montez pas   don't attain it
prétends   maintain
libertine   freethinker
prendre du bon temps   do as you like
du côté de la barbe   on the male side
la toute-puissance   source of all power
subalterne   subordinate
soumis   obedient
instruit   instructed

le Frère   monk

la docilité   submissiveness

faire grâce   to spare
entendent   comprennent
d'autrui   des autres

Un Esclave noir

Voltaire
(1694-1778)

Dans son livre, Candide, *Voltaire critique les privilèges des nobles, l'autorité des religieux et les inégalités sociales. Dans cet extrait, Candide et Cacambo voyagent en Amérique du Sud.*

En approchant de la ville, ils rencontrèrent un nègre étendu par terre, n'ayant plus que la moitié de son habit, c'est-à-dire d'un caleçon de toile bleue; il manquait à ce pauvre homme la jambe gauche et la main droite.

— Eh, mon Dieu! lui dit Candide en hollandais, que fais-tu là, mon ami, dans l'état horrible où je te vois?

— J'attends mon maître, monsieur Vanderdendur, le fameux négociant, répondit le nègre.

— Est-ce monsieur Vanderdendur, dit Candide, qui t'a traité ainsi?

— Oui, Monsieur, dit le nègre, c'est l'usage. On nous donne un caleçon de toile pour tout vêtement deux fois l'année. Quand nous travaillons aux sucreries, et que la meule nous attrape le doigt, on nous coupe la main; quand nous voulons nous enfuir, on nous coupe la jambe; je me suis trouvé dans les deux cas. C'est à ce prix que vous mangez du sucre en Europe. Cependant, lorsque ma mère me vendit dix écus patagons sur la côte de Guinée, elle me disait: "Mon cher enfant, bénis nos fétiches, adore-les toujours, ils te feront vivre heureux; tu as l'honneur d'être esclave de nos seigneurs les blancs, et tu fais par là la fortune de ton père et de ta mère." Hélas! je ne sais pas si j'ai fait leur fortune, mais ils n'ont pas fait la mienne. Les chiens, les singes et les perroquets sont mille fois moins malheureux que nous. Les fétiches hollandais qui m'ont converti me disent tous les dimanches que nous sommes tous enfants d'Adam, blancs et noirs. Je ne suis pas généalogiste: mais si ces prêcheurs disent vrai, nous sommes tous cousins issus de germains. Or vous m'avouerez qu'on ne peut pas en user avec ses parents d'une manière plus horrible.

— O Pangloss! s'écria Candide, tu n'avais pas deviné cette abomination; c'en est fait, il faudra qu'à la fin je renonce à ton optimisme.

— Qu'est-ce qu'optimisme? disait Cacambo.

— Hélas! dit Candide, c'est la rage de soutenir que tout est bien quand on est mal.

Et il versait des larmes en regardant son nègre, et, en pleurant, il entra dans Surinam.

étendu stretched out

le caleçon shorts
la toile cloth
manquait was missing
en hollandais in Dutch

le négociant merchant

la sucrerie sugar refinery
la meule grindstone
s'enfuir run away
le cas la situation

l'écu patagon (m)
  Patagonian coin
la Guinée Guinea
bénis bless
le fétiche le missionnaire

le singe monkey
le perroquet parrot

les cousins issus de germains
  second cousins
avouerez must admit
en user avec treat

c'en est fait that does it

soutenir maintain

versait des larmes shed tears
Surinam Dutch Guiana

L'Albatros

Charles Baudelaire
(1821-1867)

Souvent, pour s'amuser, les hommes d'équipage
Prennent des albatros, vastes oiseaux des mers,
Qui suivent, indolents compagnons de voyage,
Le navire glissant sur les gouffres amers.

A peine les ont-ils déposés sur les planches,
Que ces rois de l'azur, maladroits et honteux,
Laissent piteusement leurs grandes ailes blanches
Comme des avirons traîner à côté d'eux.

Ce voyageur ailé, comme il est gauche et veule!
Lui, naguère si beau, qu'il est comique et laid!
L'un agace son bec avec un brûle-gueule,
L'autre mime, en boitant, l'infirme qui volait!

Le Poète est semblable au prince des nuées
Qui hante la tempête et se rit de l'archer;
Exilé sur le sol au milieu des huées,
Ses ailes de géant l'empêchent de marcher.

l'équipage (m)   crew

les gouffres amers
   bitter depths

les planches (f)   deck

maladroit   clumsy

l'aile (f)   wing

l'aviron (m)   paddle
traîner   drag

ailé   winged
gauche   clumsy
veule   faible
naguère   récemment
agace   irritates
le brûle-gueule   short pipe
boitant   limping
l'infirme (m)   l'invalide
la nuée   cloud
la tempête   storm
les huées (f)   jeering

le géant   giant

Le Ciel est, par-dessus le toit …

Paul Verlaine
(1844-1896)

Le ciel est, par-dessus le toit,
     Si bleu, si calme!
Un arbre, par-dessus le toit,
     Berce sa palme.

La cloche, dans le ciel qu'on voit,
     Doucement tinte.
Un oiseau sur l'arbre qu'on voit
     Chante sa plainte.

Mon Dieu, mon Dieu, la vie est là,
     Simple et tranquille.
Cette paisible rumeur-là
     Vient de la ville.

— Qu'as-tu fait, ô toi que voilà
     Pleurant sans cesse,
Dis, qu'as-tu fait, toi que voilà,
     De ta jeunesse?

par-dessus   above

berce   rocks
la palme   les feuilles

tinte   tolls

la plainte   lament

la rumeur   le bruit

Il pleure dans mon coeur

Paul Verlaine
(1844-1896)

Il pleure dans mon coeur
Comme il pleut sur la ville.
Quelle est cette langueur
Qui pénètre mon coeur?

O bruit doux de la pluie
Par terre et sur les toits!
Pour un coeur qui s'ennuie,   s'ennuie   is weary
O le chant de la pluie!

Il pleure sans raison
Dans ce coeur qui s'écoeure.   s'écoeure   is disheartened
Quoi! nulle trahison?   la trahison   betrayal
Ce deuil est sans raison.   le deuil   mourning

C'est bien la pire peine   pire   worst
De ne savoir pourquoi,   la peine   suffering
Sans amour et sans haine,
Mon coeur a tant de peine.   la haine   hatred

Le Dormeur du val

Arthur Rimbaud
(1854-1891)

C'est un trou de verdure où chante une rivière
Accrochant follement aux herbes des haillons
D'argent; où le soleil, de la montagne fière,
Luit: c'est un petit val qui mousse de rayons.

Un soldat jeune, bouche ouverte, tête nue,
Et la nuque baignant dans le frais cresson bleu,
Dort; il est étendu dans l'herbe, sous la nue,
Pâle dans son lit vert où la lumière pleut.

Les pieds dans les glaïeuls, il dort. Souriant comme
Sourirait un enfant malade, il fait un somme:
Nature, berce-le chaudement: il a froid.

Les parfums ne font pas frissonner sa narine;
Il dort dans le soleil, la main sur sa poitrine
Tranquille. Il a deux trous rouges au côté droit.

la verdure   greenery
accrochant   hanging
follement   extravagantly
le haillon d'argent
    silver shreds
luit   shines
mousse   sparkles
le rayon   sunbeam
la nuque   back of the neck
baignant   bathing
le cresson   cress
étendu   stretched out
la nue   clouds

le glaïeul   gladiolus
le somme   nap
berce   rock

frissonner   quiver
la narine   nostril

Biographies

Gabrielle Roy

Antoine de Saint-Exupéry

Jean-Pierre Ferland

Albert Camus

Jacques Prévert

Michel Tremblay

Gratien Gélinas

Georges Dor

Michèle Lalonde

Charles Baudelaire
Poète, critique, traducteur

1821　Il est né à Paris le 9 avril. Il perd son père à l'âge de sept ans et sera élevé loin de sa mère qui épouse en secondes noces un militaire qui effrayait le jeune Baudelaire.

1839　Baudelaire termine ses études et commence à se mêler au monde des lettres. Son beau-père essayera de le soustraire à cette influence en l'embarquant sur un navire qui fait voile pour Calcutta. Baudelaire descendra à l'île Bourbon avant de regagner la France.

1848　Il commence à traduire les oeuvres d'Edgar Allan Poe.

1857　*Les Fleurs du mal* paraissent et Baudelaire est traduit en cour et condamné à une amende pour l'immoralité de certains de ses poèmes. D'autres poèmes viendront s'ajouter à cette collection en 1861 et en 1868 dans une édition posthume.

1862　Publication des *Petits Poèmes en prose.*

1867　Il meurt le 31 août dans une maison de santé à Paris.

Daniel Boulanger
Romancier, nouvelliste, poète, scénariste

1922　Il est né à Compiègne, près de Paris.

1963　Il commence à collaborer à la Nouvelle Revue Française. *Les Noces du merle* remporte le prix de la nouvelle.

1966　Il obtient le prix Sainte-Beuve pour *Le Chemin des caracoles.*

1970　*Retouches* gagne le prix Max Jacob.

1971　Le prix de l'Académie française est décerné à *Vessies et lanternes.*

1974　Il remporte le prestigieux prix Goncourt de la nouvelle pour *Fouette, cocher.*

Albert Camus
Essayiste, romancier, dramaturge

1913 Il est né en Algérie. Il fait ses études en philosophie
      à l'Université d'Alger.
1938 Il arrive à Paris où il travaillera comme journaliste.
1942 Il publie *L'Etranger* et *Le Mythe de Sisyphe*. Il joue
      un rôle actif dans le groupe de résistance Combat.
1945 Pendant deux ans, il sera le rédacteur en chef du
      journal *Combat*. Il fait jouer sa pièce *Caligula*.
1947 Il publie *La Peste,* roman de la condition humaine.
1951 Il précise sa pensée dans *L'Homme révolté*.
1957 Camus gagne le Prix Nobel de littérature.
1960 Il meurt dans un accident de voiture.

Robert Choquette
Poète, romancier

1905 Il est né à Manchester, New Hampshire.
1913 Il arrive à Montréal avec ses parents.
1925 Son premier recueil de poésie, *A travers les vents,*
      paraît à Montréal.
1926 Il est récipiendaire du Prix David qu'il gagnera
      encore en 1932 et en 1954.
1931 Il publie *Metropolitan Museum,* une sorte de
      fresque de la civilisation.
1941 Plusieurs de ses oeuvres romanesques, dont *Les
      Velder,* deviennent des séries radiophoniques.
1953 Il publie *Suite marine.*
1964 Il est choisi comme représentant du gouvernement
      de la province de Québec, à Bordeaux, France. Plus
      tard, il sera ambassadeur du Canada à Buenos Aires.
1974 Il devient président de l'Académie
      canadienne-française.
1975 Il publie *Le Sorcier d'Anticosti et autres légendes
      canadiennes.*

Henri Crespi
Ecrivain

1918   Il est né en France. Il suivra des cours de dessin et
       d'art dramatique avant de se consacrer à l'écriture.
1959   Il publie un roman, *La Cigarette*. Il est aussi
       l'auteur de nouvelles.

Georges Dor
Compositeur, interprète

1931   Il est né le 10 mars à Drummondville.
1952   Après quatre ans de travail dans une usine, il
       travaillera cinq ans pour des postes de radio privés.
1954   Il commence à publier des poèmes, des romans,
       des pièces de théâtre.
1957   Au cours des dix prochaines années, il sera
       commentateur, éditeur puis réalisateur à Radio-
       Canada à Montréal.
1967   "La Manic" marque son début comme chansonnier.
       Il fait plusieurs tournées canadiennes par la suite
       et produit plusieurs disques.
1972   Il met fin à sa carrière d'interprète sur scène mais il
       continue à faire des disques et à écrire des
       chansons. Il fonde une galerie d'art à Longueil.
1976   Il fonde un centre des arts et le Théâtre des
       ancêtres à Saint-Germain-de-Grantham.

Marcel Dubé
Dramaturge

1930   Il est né à Montréal et fait ses études au Collège Sainte-Marie.

1950   Avec des amis, il fonde une troupe de théâtre, La Jeune Scène, et écrit sa première pièce, *Le Bal triste.*

1952   Sa deuxième pièce, *De l'autre côté du mur*, obtient le prix de la meilleure pièce canadienne au festival dramatique Dominion Drama Festival.

1953   Il triomphe encore une fois avec *Zone*. C'est le début de la télévision à Montréal et les pièces de Dubé seront presque toutes produites par Radio-Canada. Il a aussi écrit des téléromans tels *La côte de sable* (1960-62), *De 9 à 5* (1963-66) et *Le Monde de Marcel Dubé* (1968-72).

1973   Il gagne le Prix David pour l'ensemble de son oeuvre.

Jean-Pierre Ferland
Compositeur, interprète

1934   Il est né à Montréal le 24 juin.

1959   Après avoir passé quatre ans à Radio-Canada à faire du travail de bureau, il fonde le groupe Les Bozos avec Raymond Lévesque, Hervé Brousseau, Claude Léveillée et Clémence Desrochers.

1962   Sa chanson "Feuilles de gui" gagne la compétition de Radio-Canada, Chanson sur mesure, et le grand prix au Gala international de la chanson à Bruxelles.

1965   Il gagne le grand prix du Festival du disque de Montréal. Il fait de nombreuses tournées au Canada et à l'étranger.

1976   Il écrit paroles et musique pour le film *Chanson pour Julie* dans lequel il jouera aussi un rôle.

Roger Fournier
Réalisateur, écrivain

1929 Il est né le 22 octobre à Saint-Anaclet. Plus tard il obtient une licence ès lettres à l'Université Laval.

1955 Il devient réalisateur à Radio-Canada.

1959 Après avoir passé deux ans à Paris où il travaille au cinéma comme assistant-réalisateur, il retourne à Montréal.

1963 Il publie sa première oeuvre littéraire, *Inutile et adorable*. Au cours des années, beaucoup d'autres suivront.

Gratien Gélinas
Comédien, dramaturge, metteur en scène

1909 Il est né à Saint-Tite de Champlain et fera ses études au Collège de Montréal et à l'Ecole des Hautes Etudes commerciales.

1948 Il joue le rôle principal dans sa pièce *Tit-Coq* qui remporte un grand succès. On en fera un film en 1953.

1959 Sa deuxième pièce, *Bousille et les justes,* est jouée à la scène puis à la télévision.

1966 Sa troisième pièce, *Hier les enfants dansaient,* est un reflet des conflits qui divisent la société québécoise.

1969 Il devient président de la Société de développement de l'industrie cinématographique canadienne.

Jean de La Fontaine
Poète

1621 Il est né à Château-Thierry, où il passe sa jeunesse.

1641 Il fait des études de théologie mais découvre assez tôt qu'il n'est pas fait pour la prêtrise. Il deviendra plutôt avocat au Parlement.

1654 Sa première oeuvre imprimée est une adaptation en vers de *l'Eunuque* de Térence.

1668 Le premier recueil des *Fables*, qui le rendront célèbre, paraît.

1684 Il devient membre de l'Académie française.

1692 Après s'être repenti d'avoir écrit certaines oeuvres qui étaient vues comme immorales, il meurt le 13 avril.

Michèle Lalonde
Poète

1937   Elle est née à Montréal où elle fera ses études.
1958   Elle publie son premier recueil de poésie, *Songe de la fiancée détruite*.
1967   "Speak white," une oeuvre qui est vite devenue célèbre, est créée le 29 avril à la Place des Arts de Montréal, avec orchestre, choeurs et deux récitants. Elle participera par la suite à de nombreux récitals.
1977   Elle obtient du succès avec sa pièce de théâtre *Dernier recours de Baptiste à Catherine*, qui présente les relations Eglise–Etat de 1760 à 1850.

Clément Marot
Poète

1496   Il est né à Cahors. Son père, poète aimé de Louis XII puis de François Ier, lui fait faire des études. Ses premiers vers sont dans la tradition du *Roman de la rose*.
1526   Il est emprisonné pour avoir, dit-on, mangé du lard en Carême. L'année suivante, il se retrouve en prison pour avoir tenté de délivrer un prisonnier.
1527   Il devient poète officiel du roi auquel il consacre des pièces de circonstance.
1534   Il doit s'exiler de France, étant accusé d'hérésie.
1537   Il rentre en grâce et revient en France où il continue à écrire des vers et à adapter les *Psaumes de David*.
1544   Après s'être exilé une deuxième fois en 1542, Marot meurt à Turin, en Italie.

Suzanne Martel
Romancière

1924   Elle est née à Québec.
1943   Elle commence sa carrière de journaliste au *Soleil* de Québec.
1963   On lui décerne le prix de l'ACELF pour son roman de science-fiction, *Quatre Montréalais en l'an 3000.*
1968   Elle reçoit le prix de la province de Québec pour la littérature de jeunesse.

Jean-Baptiste Poquelin dit Molière
Dramaturge

1622   Il est né à Paris, dans une famille bourgeoise qui lui donne l'éducation des "honnêtes gens."
1643   Tournant le dos à son milieu social, il décide de devenir comédien. Il prend le nom de Molière et fonde, avec l'actrice Madeleine Béjart, la troupe de l'Illustre Théâtre. Il passe une douzaine d'années en Province à apprendre son métier.
1659   Avec *Les Précieuses ridicules*, Molière remporte son premier grand succès à Paris. D'autres suivront, tels *L'Ecole des femmes* (1662), *Le Misanthrope* (1666), *L'Avare* (1668) et *Le Bourgeois gentilhomme* (1670).
1673   C'est pendant une représentation du *Malade imaginaire* (le 10 février) que Molière est pris d'une défaillance. Il mourra quelques heures plus tard.

Georges Moustaki
Chansonnier

1934   Naissance de Georges Moustaki.
1951   Il arrive le 12 novembre à Paris.
1958   Il compose "Milord," chanson rendue célèbre par Edith Piaf.
1968   Il commence à interpréter ses propres chansons.
1969   "Il y avait un jardin."
1971   Il monte sa propre maison d'édition.
1973   Il justifie sa vie, son art dans *Questions à la chanson*.

Emile Nelligan
Poète

1879   Il est né à Montréal le 24 décembre. Il fera des études médiocres au Petit séminaire de Montréal et au Collège Sainte-Marie où il commence à écrire des vers.
1897   Il est accepté comme membre de l'Ecole littéraire de Montréal.
1898   Il s'engage comme matelot sur un navire anglais, mais après un premier voyage à Liverpool il renonce à la carrière de marin. Il récite trois de ses poèmes à la première séance publique de l'Ecole littéraire au Château de Ramezay.
1899   Sa récitation de *La Romance du vin*, écrite en réponse à un critique malveillant, est un triomphe. Mais Nelligan n'a pas le temps de terminer son recueil avant d'être atteint de névrose. Il est conduit à la Retraite Saint-Benoît le 9 août. C'est la fin de sa carrière littéraire.
1941   Il meurt le 18 novembre à Saint-Jean-de-Dieu.

Marcel Pagnol
Dramaturge, cinéaste

1895 Il est né dans le Midi, à Aubagne. Il se destine
d'abord à l'enseignement, mais s'est tourné très tôt
vers la littérature.

1928 *Topaze*, fondé en partie sur ses propres
expériences, remporte un grand succès sur la
scène.

1929 Il entreprend la trilogie qui le rendra célèbre.
Marius sera suivi par *Fanny* (1931) et *César*
(1936). A partir de ce temps, il fera surtout du
cinéma.

1946 Il devient membre de l'Académie française.

1957 Il commence à publier des souvenirs d'enfance qui
paraîtront régulièrement pendant les prochaines
années.

Jacques Prévert
Poète, cinéaste

1900 Il est né le 4 février à Neuilly-sur-Seine.

1915 Il quitte l'école.

1920 C'est pendant son service militaire qu'il rencontre
le peintre Tanguy et le futur directeur de la Série
Noire, Marcel Duhamel, deux des membres de la
future Bande à Prévert.

1930 Il commence à publier des poèmes dans des revues.

1932 Avec un groupe d'amis, il fonde le groupe Octobre
pour monter des spectacles à la porte des usines.

1942 Après avoir écrit des scénarios pour Jean Renoir, il
en écrit pour Marcel Carné, dont *Les Visiteurs du
soir*.

1946 C'est avec la publication de *Paroles* que Prévert
atteint la célébrité.

1977 Il meurt d'un cancer du poumon le 11 avril.

Arthur Rimbaud
Poète

1854   Il est né à Charleville le 20 octobre. Au collège, il
       étonne et inquiète ses professeurs qui découvrent
       son intelligence exceptionnelle.
1870   Son besoin de liberté le dirige vers Paris.
1871   Il fait la connaissance de Verlaine et publie son
       célèbre *Bateau ivre*. Il part pour Londres avec
       Verlaine.
1873   Il publie *Une Saison en enfer* qui est en partie un
       reflet de l'atmosphère orageuse de sa liaison avec
       Verlaine.
1875   Devient commerçant, puis marin.
1886   Publication des *Illuminations*, écrites en 1871-73.
1891   Il meurt à Marseille le 10 novembre.

Gabrielle Roy
Romancière

1909   Elle est née le 22 mars à Saint-Boniface, au
       Manitoba où elle fera ses études.
1929   Après avoir obtenu son certificat d'école normale,
       elle passera huit années dans l'enseignement dans
       sa province natale.
1937   Pendant deux ans, elle voyage en Angleterre et en
       France, faisant des reportages à la pige pour des
       journaux français et canadiens.
1939   De retour au Canada, elle s'installe à Montréal. Elle
       continuera sa carrière de journaliste pendant la
       guerre.
1945   Elle publie son premier roman, *Bonheur
       d'occasion*. Au cours des années, beaucoup d'autres
       suivront.
1955   Elle gagne le Prix du Gouverneur général pour *Rue
       Deschambault*.
1971   Le Prix David lui est accordé pour l'ensemble de
       son oeuvre.
1983   Elle meurt à Québec le 13 juillet.

Antoine de Saint-Exupéry
Aviateur et écrivain

1900   Il est né à Lyon.
1921   Il travaille comme pilote civil.
1926   Il transporte le courrier entre Toulouse et Dakar.
       Les avions ne sont pas sûrs et les vols sont
       dangereux.
1929   Envoyé à Buenos Aires, il établit une chaîne
       d'aérodromes.
1933   Il s'engage comme pilote d'essai.
1934   Il travaille pour Air France.
1939   La guerre éclate. Il obtient un poste de pilote de
       reconnaissance.
1944   Pendant un vol de reconnaissance, il disparaît pour
       toujours.

Guy Tirolien
Ecrivain

1917   Il est né en Guadeloupe. Il sera disciple de Senghor
       et de Césaire.
1943   Pendant la guerre, il se retrouve avec Senghor
       prisonnier des Allemands. Il développera les
       thèmes de la négritude dans les poèmes qu'il écrira
       par la suite.

Michel Tremblay
Dramaturge, romancier

1942   Il est né dans l'est de Montréal qui sera le cadre de la plupart de ses oeuvres.

1964   Il remporte le premier prix au Concours des jeunes auteurs de Radio-Canada.

1966   Il révèle son goût pour le fantastique dans un recueil de récits, *Contes pour buveurs attardés*.

1968   Sa pièce *Les Belles-Soeurs* est créée au Rideau Vert le 14 août. Elle triomphe à Montréal, puis à Paris. Cette pièce donnera naissance à tout un cycle de pièces et de romans qui ensemble créent une fresque émouvante et réaliste d'un quartier, d'une époque, le tout dans une langue populaire fortement imagée.

1980   Avec *L'Impromptu d'Outremont,* Tremblay change de quartier et d'orientation en étudiant les problèmes d'une autre classe sociale.

Paul Verlaine
Poète

1844   Il est né à Metz le 30 mars. Il fera ses études à Paris.

1866   Il fait paraître son premier recueil de vers, *Poèmes saturniens*.

1870   Il épouse une jeune fille de seize ans, Mathilde Mauté. Publication de *La Bonne Chanson*.

1871   Naissance d'un fils, Georges. Verlaine rencontre Rimbaud, qui a dix ans de moins que lui. Verlaine quitte Mathilde pour partir avec Rimbaud.

1873   Il se querelle avec Rimbaud à Londres et lui tire une balle dans le poignet. Il fera deux ans de prison pendant lesquelles il se convertira au catholicisme.

1874   Il fait paraître *Romances sans paroles*. Il tente de se réconcilier avec Mathilde, mais sans succès. Il mène une vie de plus en plus vagabonde.

1896   Il meurt dans la pauvreté et dans la misère chez Eugénie Krantz qui l'avait recueilli chez elle en 1892.

Gilles Vigneault
Chansonnier, compositeur, poète, éditeur

1928   Il est né à Natashquan, sur la Côte Nord, le 27 octobre.

1953   Il a fait ses études universitaires à Laval où il obtient une licence ès lettres. Il se lance ensuite dans l'enseignement des mathématiques et du français.

1959   Il fond Les Editions de l'Arc où il fait paraître une vingtaine de recueils de poèmes, de contes et de chansons.

1960   Au mois d'août, il chante en public pour la première fois "Jos Monferrand" qu'il avait composé en 1957 et qui avait été chanté sur disque par Jacques Labrecque.

1965   C'est le grand succès de "Mon Pays," interprété par Monique Leyrac. Il gagne le prix du Gouverneur général pour son recueil de poèmes, *Quand les bateaux s'en vont*. A partir de cette date, sa popularité devient très grande et il fait des tournées au Canada et en Europe.

1975   Il compose "Gens du pays" pour la fête de la Saint-Jean à Montréal.

François-Marie Arouet dit Voltaire
Philosophe, poète, conteur, dramaturge

1694   Il est né à Paris. Son éducation sera à la fois humaniste et mondaine.

1716   Dès cette époque, ses écrits satiriques le forcent à l'exil, puis le mènent en prison. Ceci se répétera à d'autres époques de sa vie.

1718   Son *Oedipe* le rend célèbre.

1734   Il passera dix ans à Cirey, chez Mme du Châtelet et c'est pendant cette période qu'il écrira la plupart de ses pièces de théâtre.

1744   Il devient historiographe du roi et s'installe à Versailles mais, comme il est mal vu du roi, il n'y restera pas longtemps.

1756   En réponse à la philosophie optimiste de Rousseau, il publie le *Poème sur le désastre de Lisbonne*. C'est aussi l'année de l'*Essai sur les moeurs*.

1759   Il se brouille avec Rousseau et fait paraître son chef-d'oeuvre *Candide*. L'année suivante il s'installe à Ferney, tout près de la Suisse où il peut se réfugier si le besoin s'en fait sentir.

1764   Il réunit plusieurs de ses idées dans le *Dictionnaire philosophique*.

1778   Il meurt le 30 mai.

Glossaire

A

abaisser: to lower

abandonner: to abandon

abattre: to cut down; to shoot down

s'abattre sur: to fall upon

abattu: shot down; overcome; heavy-hearted

abeille (f): bee

s'abîmer: to spoil; to plunge oneself

abord (m): approach

d'abord: at first

aboutir: to end at, in

abri (m): shelter, cover

à l'abri: protected

abriter: to shelter, to protect

abruti (m): fool, idiot, sot

abruti: stunned

abrutir: to brutalize, to stupefy

Abruzzes: Abruzzi: a region in central Italy

acabris, acabras, acabram: a popular French version of abracadabra

accablant: overwhelming, oppressive

accablé: overcome, overwhelmed, tired out

accabler: to overpower, to overwhelm

accentuer: to accentuate, to emphasize

accord (m): agreement

d'accord: in agreement, O.K.

accorder: to grant

s'accorder: to be tuned up; to agree

accoter: to live with, to shack up

s'accoter: to lean against

accouchement (m): birth, giving birth

salle (f) d'accouchement: delivery room

accoutumer: to accustom

accrocher: to grab, to hang (on); to fasten; to attach; to win

accroupi: squatted

s'accroupir: to squat, to sit down

accru: growing, increased, accrued

accueillir: to greet, to welcome

accumuler: to build up

s'accuser: to blame oneself

achat (m): purchase

acheter: to buy

achever: to end

acquiescement (m): acquiescence, consent

action (f): action; plot

actuellement: at present

adieu (m): farewell

adjurer: to beseech, to implore

admettre: to admit

administration (f): administration, government

administré (m): minister, official

s'adonner à: to participate in, to indulge in

adresser: to direct

s'adresser: to speak; to address

adversaire (m): opponent

affaire (f): business, affair; thing

affaires de toilette: toiletry articles

Bureau des Affaires Extérieures: Department of External Affairs

s'affairer: to bustle about, to be busy

affectueux: affectionate, loving

affluer: to abound, to be plentiful

affolant: maddening, terrifying

affreux(euse): frightening, hideous

affront (m): indignity, insult

affrontement (m): confrontation

afin de: in order to

agacer: to annoy, to bother; to tempt, to provoke

âge (m): age

en bas âge: young

entre deux âges: middle-aged

âgé: old

s'agenouiller: to kneel

agent (m): agent; policeman

agent de l'ordre: policeman

agir: to act

s'agir: to concern, to be a question of

s'il se fût agi: if it were

agité: restless

agiter: to agitate, to save; to upset

s'agiter: to worry, to get upset; to be waved; to move around; to get stirred up

agrandir: to enlarge

agréable: agreeable, pleasant

agripper: to clutch, to grip, to grab

aide (f): help, aid

aie (avoir): have

aïe: (indicating pain) Ouch!

aiguille (f): needle

aiguille calcaire: needle-shaped piece of limestone

ail (m): garlic

aile (f): wing

ailé: winged

aille(s) (aller): (may) go

ailleurs: elsewhere

d'ailleurs: moreover

aimable: lovable, likable, pleasant, kind

aimer: to like, to love

aimer mieux: to prefer

ainsi: thus, so

c'est ainsi: so it was

air (m): appearance, look; air; melody

avoir l'air de: to look like, to seem

aisance (f): affluence, comfort

aise (f): ease, comfort

à l'aise: at ease, quietly, comfortably, easily

le coeur à l'aise: with an easy heart

mal à l'aise: uncomfortable, uneasy

aisément: easily
ait (avoir): had
ajouter: to add
alambic (m): still
albatros (m): albatross (sea bird)
alchimie (f): alchemy, chemistry
alentour: around
alentours (m pl): surroundings
Alger: Algiers, the capital city of Algeria
Algérie (f): Algeria, an independent republic in North Africa on the Mediterranean Sea. A French colony until 1962, Algeria had to fight France for independence. Its capital city is Algiers.
allécher: to tempt, to attract, to lure
allégrement: cheerfully
allemand: German
aller: to go
aller à pied: to walk, to go on foot
aller chercher: to go and get
s'en aller: to go away, to leave, to set off
alliance (f): alliance, friendship
prendre alliance: to meet, to make an acquaintance
allonger: to stretch out
allumer: to turn on, to light
allure (f): gait, bearing; pace
à toute allure: at full speed
allusion (f): reference, allusion
aloi (m): standard, quality
de bon aloi: genuine
alors: then
amadouer: to coax, to persuade
amant (m): lover
amarre (f): mooring rope
larguer les amarres: to cast off
amas (m): pile, mass
ambiance (f): mood, atmosphere
âme (f): soul
à perte d'âme: with the loss

of one's soul
état (m) d'âme: frame of mind
mort (f) dans l'âme: sadness
améliorer: to improve, to better
amende (f): fine
amener: to lead, to bring
amer: bitter
gouffres (m) amers: bitter depths
Amérique (f): America
Amérique du Nord: North America
Amérique du Sud: South America
amertume (f): bitterness
avec amertume: bitterly
Ameur: El Ameur: French military post in Algeria
ami(e) (m, f): friend
grand'amie (f): (girl) lady friend
amical: friendly
amitié (f): friendship, friendliness
amour (m): love; loved one
amoureux (m): sweetheart
amoureux transi: bashful lover
amoureux(euse): loving, in love
ampoule (f): light bulb
ampoulé: blistered
amure (f): tack (sailing)
amuser: to please, to amuse
s'amuser: to enjoy oneself
an (m): year
jour (m) de l'an: New Year's Day
ancêtre (m): ancestor
ancien: ancient; former; old
anciens (m pl): ancestors; alumni, graduates
ancré: anchored
âne (m): donkey
anglophone (m, f): English-speaking person
angoisse (f): distress, agony, anguish
animal (m): animal
animal familier: pet

animation (f): life, excitement
animé: lively
ankylosé: stiffened, paralysed
année (f): year
des années entières: years on end
deux fois l'année: twice a year
anniversaire (m): birthday
annulaire (m): ring finger
anonyme: anonymous
Anticosti: island in the Gulf of St. Lawrence
Antilles (f pl): West Indies
antipathique: repulsive
anxieux: anxious
août (m): August
aparté (m): aside
en aparté: aside
aperçoit (apercevoir): perceives, sees
aperçu (s'apercevoir): realized, noticed
apeuré: frightened
s'aplatir: to grovel; to become level, to flatten
à-plat-ventrisme (m): grovelling
aplomb (m): uprightness, balance
remettre d'aplomb: to put back on one's feet
apparaître: to appear
apparemment: visibly; apparently
appartenir: to belong to
apparu (apparaître): appeared
appel (m): appeal, call
appeler: to call
s'appeler: one's name is
appentis (m): shed; outhouse
applaudir: to applaud
appliquer: to apply; to dedicate
s'appliquer: to refer
apporter: to bring
apprécier: to appreciate
apprendre: to learn; to teach; to inform; to know; to announce
apprivoiser: to tame; to win over

approbation (f): approval, consent
approche (f): approach
approcher: to approach
approuver: to approve
s'appuyer: to lean
après: after
  d'après: according to
  après-midi (m): afternoon
à-propos (m): suitability
  semblant (m) d'à-propos: semblance of suitability
Arabe (m, f): Arab
arabe: arabic
arbre (m): tree
s'arc-bouter: to resist, to refuse to move
archer (m): bowman, archer
ardemment: eagerly
ardeur (f): eagerness, keenness
argent (m): money; silver
Arles: city in southeastern France
arme (f): arm, weapon
armée (f): army
armements (m pl): war armaments
armer: to arm
armoire (f): wardrobe, closet
armure (f): armour
arracher: to tear, to pull (away); to snatch, to grab
arranger: to settle
arrêté (m): decision, decree
arrêté: decided
arrêter (de): to stop
arrière (m): stern, back
arrière: behind
  en arrière: back, backwards
arrivée (f): arrival
arriver: to arrive; to happen
  arriver en courant: to come running
arrondir: to round, to fill (out)
arroser: to water; to sprinkle
articuler: to pronounce clearly
as: t'as pas: tu n'as pas: you have not
as (m): ace (card); dice
  perdu aux as: truly lost
aspiration (f): inhaling, breathing

aspirer: to aspire; to inhale, to suck in
assaillir: to assail; to pester
assécher: to dry
asseoir: to seat, to sit
assez: enough; quite
assis (asseoir): seated, sitting
s'assit (s'asseoir): sat down
associé (m): associate, partner
associer: to associate
assoiffé: very thirsty, dried out
assuré: sure
  mal assuré: insecure
s'assurer: to make sure
asteure: now (C)*
atours (m pl): finery
atrocement: atrociously
attacher: to tie up
attaquer: to attack
attardé: late, lingering
s'attarder: to linger, to loiter
atteignent (atteindre): reach
atteignit (atteindre): reached, got
atteindre: to reach; to overtake; to get
atteint (atteindre): reached; overtaken; reaches; overtakes
atteler: to harness
attenant à: adjoining
attendre: to wait; to expect
attendri: fond, compassionate, touched
attendrissement (m): pity, emotion
  avec attendrissement: tenderly
attendu que: seeing that
attente (f): wait
attentif: attentive
attention (f): attention
  attention!: careful! watch out!
atterrer: to overwhelm, to stupefy
attirant: attractive; engaging (manners)
attirer: to attract
attrait (m): appeal
attraper: to catch, to trap
aube (f): dawn
auberge (f): inn
  tenir auberge: to run an inn

aubergiste (m, f): innkeeper
aucun: no, not any, none
  ne ... aucun(e): not one, not any
au-delà: beyond
au-dessous: under, below
au-dessus: over, above
augmentation (f): increase, raise
augmenter: to increase
auprès: beside, close to, by
  auprès desquels: beside which
aussitôt: immediately, directly, right away
austère: austere; severe; serious
autant (que): as (much) (as); as well (as)
  d'autant: more, especially as
  d'autant plus que: all the more that; especially since
automne (m): autumn, fall
autour de: around
autre: other
  d'un travers à l'autre: from one end to the other
  l'un l'autre: each other
autrefois: formerly
autrement: otherwise; formerly, before
autrui: others, other people
avaler: to swallow
avance (f): advance, lead
  vaincu (m) d'avance: born loser
avant: before
  à l'avant: at the front
  d'avant-guerre: prewar
avantage (m): advantage
avare (m): miser
avare: miserly
avenant: pleasing
avenir (m): future
avertir: to warn
avertissement (m): warning
aveu (m): authorization, declaration, vow
aveuglant: blinding
avidité (f): greed(iness)
avion (m): airplane
aviron (m): oar, paddle
avironner: to paddle, to row
avis (m): opinion

*(C) indique un mot employé seulement au Canada

m'est avis: my impression is

aviser: to deal with, to inform

avocat (m): barrister, lawyer

avoine (f): oats

avoir: to have

    avoir l'air de: to look like, to seem

    avoir beau (+ verbe): to (verb) in vain

    avoir beau raisonner: to reason in vain

    avoir de la chance: to be lucky

    avoir le coeur net: to find out, to clear up

    avoir les dents pointues: to be greedy

    avoir envie de: to feel like, to want

    avoir l'estomac dans les talons: to be starving

    avoir la gorge serrée: to have a lump in one's throat

    avoir horreur: to hate

    avoir lieu: to take place

    avoir mal en-dessous des cheveux: to have a hangover

    avoir peur: to be afraid

    avoir sur le coeur: to be upset

avouer: to confess, to acknowledge, to admit

ayant (avoir): having

azur (m): sky

azur: azure, blue

B

babines (f pl): chops, jowls

    se pourlécher les babines: to lick one's chops

bâche (f): canvas cover, tarpaulin

badaud (m): saunterer, gaper

badinage (m): frivolity, chatter, teasing

bafouer: to scoff, to ridicule

bagosse (f): homemade whisky (C)

bague (f): ring

bagué: ringed

Bahamas (f pl): Bahamas

baigner: to bathe

bâillonner: to gag

bain (m): bath

baiser: to kiss

baiser (m): kiss

baisser: to lower; to hang; to drop

bal (m): dance, ball

balancer: to rock, to wave

balle (f): bullet

    tirer une balle: to fire

ballon (m): balloon; ball

ballotter: to toss, to shake

banc (m): bank; bench

bande (f): gang, group

banquette (f): bench

Barbade (f): Barbados

barbe (f): beard

    barbe à la henricade: pointed beard

    du côté de la barbe: on the male side

    rire dans sa barbe: to laugh up one's sleeve

barbouiller: to smear, to dirty

barbu: bearded

    un grand petit garçon barbu: an overgrown, little boy

Barcelone: Barcelona, city in northeastern Spain, on the Mediterranean

barge (f): barge

baril (m): keg, barrel, cask

    baril de poudre: powder keg

barreau (m): bar (legal); bar (prison)

    la Loi du Barreau: Code of the Bar

bas (m): stocking

bas: low(er), quiet(ly)

    parler bas: to whisper

    en bas: down below

    en bas âge: young

basane (f): sheepskin

basané: swarthy, dark-skinned, tanned

Basse-ville (f): lower town, a section of Quebec City

bastingage (m): railing (on ship)

bataille (f): battle

bâtard (m): bastard

bâtard: illegitimate

bateau (m): boat

bâti (m): frame (work), structure

bâtiment (m): building

bâtir: to build

bâton (m): stick, rod

battit (battre): slammed

battre: to beat, to thrash

se battre: to fight

béatement: smugly, blissfully

beau (belle): beautiful

    avoir beau (+ verbe): to (verb) in vain

    la "belle" province: the beautiful province (Quebec)

    sembler beau: to look nice

beau-frère (m): brother-in-law

beau-père (m): stepfather

bébé (m): baby

    voiture (f) de bébé : baby carriage

bec (m): mouth, beak

    tomber rôti dans le bec: to come easy, without effort

bêcher: to dig

beffroi (m): belfry

bègue (m): stammerer

bègue: stammering, stuttering

bel et bien: completely

belle (beau): beautiful

    la "belle" province: the beautiful province (Quebec)

    belle-soeur (f): sister-in-law

    de plus belle: better than ever

Belzébuth: the devil

bénédiction (f): blessing

bénir: to worship, to bless

bénit: holy

bercer: to rock, to lull, to move

berceuse (f): rocking chair

berge (f): (river) bank

    ses vingt berges: its youth; its low-water mark

besoin (m): want, need

    au besoin: when he needs it

bête (f): beast, animal

bête: stupid

bêtise (f): stupidity

biberon (m): baby bottle

bidon (m): can

bidonner: to collect (C)

bien (m): good, well-being; property

bien: well, quite, fine, good

    bien des: a lot of

bien entendu: of course
bien que: although
bien sûr: of course
mener à bien: to be
successful
se faire bien voir: to win
approval
tant bien que mal: somehow
or other
bientôt: soon
bienvenue (f): welcome
bière (f): beer
c'est de la petite bière
d'épinette éventée: it's
chicken feed
bijou (m): piece of jewellery
bilan (m): balance sheet;
returns
bilingue: bilingual
billet (m): bill; ticket; note
billot (m): log
biscotte (f): rusk, type of
toasted bread
bizarre: strange
blague (f): joke
blanc (m): caucasian
blasphème (m): blasphemy,
curse
blé (m): corn; wheat
blêmir: to grow pale
blessé: injured, wounded, hurt
blesser: to hurt, to wound
blond: fair
blonde (f): girlfriend, loved
one
bloquer: to block (up)
bloquer la parole: to be
speechless
se blottir: to crouch, to hide,
to huddle
bobo (m): hurt, sore
boeuf (m): bull
boghei (m): buggy
boire: to drink
bois (m): wood, forest
bois franc: hardwood
boîte (f) à bois: wood box
coureur (m) de bois:
trapper, woodsman
Bois de Boulogne (m):
a wooded park in the city of
Paris
boisson (f): drink, beverage

boîte (f): box, basket
boîte à bois: wood box
boîte à ouvrage: sewing
basket
boiter: to limp
boitiller: to hobble
bolide (m): meteor, fireball
bombe (f): bomb
bon (m): voucher
bon (bonne): good
bon Dieu: good heavens
de bonne heure: early
un bon coup: a good
distance
une chance du bon Dieu:
a stroke of luck
bond (m): jump, leap
bondir: to leap, to bound
bonheur (m): happiness
bonhomme (m): simple,
good-natured man
bonnet (m): cap, hat
bord (m): edge, border
bord de la mer: seaside
Boston Tea Party (1773):
a protest by a group of
American colonists against
"taxation without
representation" and in
particular against the British
policy of taxing tea. They
threw cargoes of tea from
ships into the Boston
harbour.
bottine (f): boot
boucher: to plug, to cover
se boucher les oreilles: to
refuse to hear
bouchon (m): stopper, cork
boucler: to fasten
bouder: to sulk, to be
withdrawn
boudeur: sulky
bouffée (f): breath; puff
bouger: to budge, to move
ça bouge: there's unrest
bougie (f): candle
bouillir: to boil
bouilloire (f): kettle
boule (f): ball
bouleverser: to upset; to
overturn
bourrer: to stuff, to fill

bourse (f): pouch, bag; stock
market
boursouflé: grandiose
bousculer: to jostle, to hustle,
to bump, to hurry along
bout (m): end; piece; bit
au bout de: at the end of;
run out of
bout à bout: adjoining, end
to end
un bout de route: a part of
the way
boute-en-train (m): life of the
party
bouteille (f): bottle
boxe (f): boxing
boxeur (m): boxer
braise (f): (glowing) ember
des yeux (m) de braise:
glowing eyes
branche (f): branch
couper la branche: to cut the
apron strings
bras (m): arm
à tour de bras: with all one's
might
aux bras croisés: idle
tendre les bras: to reach out
brayant (braire): braying,
crying
bref: brief(ly), short
bride (f): bridle
bridge (m): bridge (game)
faire un bridge: to play
bridge
brigand (m): robber
brillant (m): diamond
brillant: intelligent, brilliant
briller: to shine, to sparkle
brin (m): blade
brin d'herbe: blade of grass
brise (f): wind; sail
briser: to break, to smash; to
disrupt
britannique: English, British
broncher: to stumble, to falter,
to waver
bronzer: to tan
brosse (f): brush
avoir pris des brosses: to
have got drunk (C)
brosser: to brush, to scrub
se brouiller: to quarrel

bruit (m): noise
　　bruit de pas: footstep
brûle-gueule (m): short clay
　　pipe
brûler: to burn, to be hot
brume (f): fog, haze
brunir: to become dark,
　　tanned
brusquement: suddenly;
　　harshly
brutalement: forcefully
bruyant: noisy
bûcher: to cut down trees (C)
bûcheron (m): woodcutter
buée (f): haze
buisson (m): bush
bureau (m): desk; office
　　Bureau des Affaires
　　Extérieures: Department of
　　External Affairs
burent (boire):drank
buse (f): fool, blockhead
　　triple buse: nitwit three
　　times over
but (boire): drank
but (m): goal
　　dans le but: intending to
butagaz (m): butane gas
buté: stubborn, fixed, set
buveur (m): drinker
Byron, George (1788-1824):
　　a British poet

C

ça: that, it
　　ça bouge: there's unrest
　　ça et là: here and there
　　ça fait ... (que): it's been ...
　　(since)
　　si ça vous tente: if you feel
　　like it
cabalistique: cabalistic, secret
cabane (f): cabin, hut
　　cabane à sucre: maple sugar
　　shed (C)
cabine (f): cabin
cabinet (m): office
caca (m): crap
cacher: to hide
　　ne pas s'en cacher: to make
　　no secret of it
cachette (f): hiding place

en cachette: secretly
jouer aux cachettes: to play
　　hide-and-seek
cadeau (m): present, gift
　　cadeau de noce: wedding
　　present
cadre (m): setting, limit, place
caillou (m): pebble; boulder
calcaire (m): limestone
　　aiguille (f) calcaire:
　　needle-shaped piece of
　　limestone
calciner: to char, to burn, to
　　roast
calculer: to calculate
caleçon (m): underwear,
　　shorts
se caler: to settle
câliner: to caress
calme: quiet, peaceful
calmer: to calm
calotte (f): skull-cap
camarade (m): guy; friend
cambouis (m): grease
camionnette (f): delivery van
camisole (f): undervest
campagne (f): country (side)
campement (m): encampment
Canayen (m): Canadian (C)
　　(slang)
candeur (f): ingenuousness;
　　innocence
canisse (f): can; jug (C)
canne (f): (sugar) cane
canot (m): boat, canoe
cantine (f): canteen
cap (m): promontory,
　　headland, cape (of land)
capital: essential
capitonner: to pad
　　en cuir capitonné: in padded
　　leather
capituler: to surrender, to
　　compromise, to give in (to)
car: for, because
caracole (f): trick, caper
Caraïbes (f pl): Caribbean
carême (m): Lent
caricatural: like a caricature
carillonner: to chime, to ring
carré (m): square; plot (of
　　land)
　　carré à grain: grain bin (C)

carré: square (shouldered)
carrelage (m): tiled floor
carrière (f): career
carte (f): map
Cartier, Jacques (1491-1557):
　　French explorer who took
　　possession of Canada for
　　France in 1534
cas (m): case; situation
　　en tout cas: in any case
　　grand cas: fuss
casa (f)(Italian): house, home
casier (m): record
　　casier judiciaire: police
　　record
cassé: raspy; broken
casser: to break
　　casser les reins: to ruin, to
　　break one's back
　　pour ne pas que ça casse:
　　there are no hard feelings
casserole (f): saucepan
Cassis: small town in
　　southeastern France, close
　　to Marseille, on the
　　Mediterranean Sea
catastrophe (f): catastrophy,
　　disaster
cauchemar (m): nightmare
cause (f): cause
　　à cause de: because of
　　en cause: in question
causer: to chat; to cause
causerie (f): talk, chat
cavalier (m): suitor; rider
cave (f): cellar
céder: to surrender, to give in
ceinture (f): belt
cela: that
célibataire: unmarried, single
celle(s): the one(s)
celui: this one, the one
　　celui-ci: the latter
censé: supposed
cent: hundred
　　à cent lieues: far from
　　le pour cent: percent
centaine (f): hundred
centrale (f): prison
cependant: meanwhile,
　　however, yet
cercueil (m): casket, coffin
cérémonie (f): ceremony

sans cérémonie: without fuss

cerfeuil (m): chervil, onion plant

cerner: to encircle
  yeux (m pl) cernés: rings around the eyes

certains: some (people)

cervelle (f): brains, mind
  se creuser la cervelle: to rack one's brains

cesse (f): ceasing, stopping
  sans cesse: continually

cesser (de): to stop, to cease
  cesser d'en mettre: to stop piling it on

ceux: those

chacun: each one

chagrin (m): sorrow, grief

chaîne (f): chain

chair (f): flesh

chaleur (f): heat, warmth

chamaille: en chamaille: bickering, squabbling, in a mess, in discord

chambre (f): room
  vivre en chambre: to take a room

Chamonix: city in south-eastern France

champ (m): field

champignon (m): mushroom

chance (f): chance, luck
  avoir de la chance: to be lucky
  une chance du bon Dieu: a stroke of luck

chanceler: to sway

chandail (m): sweater

chandelle (f): candle

changement (m): change

chanson (f): song

chansonnier (m): folk or variety singer

chant (m): song; cry; crowing

chanteur (m): singer

chantier (m): lumber camp; yard, plant, enterprise

chapelet (m): (string of) beads
  chapelet de griefs: string of grievances

chapelle (f): chapel

chaperon (m): hood

chaque: each

charbon (m): charcoal, coal

chargé de: responsible for

charger: to load, to burden

charmant: charming

charme (m): spell

charte (f): charter, title
  la Grande Charte: Magna Carta

chasse (f): hunting
  chasse-galerie (f): flying canoe
  tirer la chasse d'eau: to flush the toilet
  veste (f) de chasse: hunting jacket

chasser: to hunt, to chase (away)

chasseur (m): hunter

château (m): castle

Château de Ramezay: historical house in Montreal, now a museum

châtelet (m): small castle

chaud: warm; drunk

chaudement: warmly

chaudière (f): pail

chaudron (m): cauldron

chauffage (m): heating

chauffer: to heat up, to (get) warm

chausser: to put on (shoes)

chaussette (f): sock

chauvin (m): chauvinist

chèche (m): turban

chef (m): boss, head, superior, chief
  chef-d'oeuvre (m): masterpiece

chemin (m): road

cheminée (f): fireplace, chimney

cheminer: to walk, to proceed

chenille (f): caterpillar

cher: dear; expensive

chercher: to look for
  aller chercher: to go and get
  chercher à: to try to

chéri (m): dear, darling

cheval (m): horse

chevalier (m): suitor; knight

cheveux (m pl): hair
  aux cheveux …: with … hair

chevreuil (m): deer, buck

chez-soi (m): home

chialer: to cry, to weep

chicaneur (m): quibbler, haggler

chigner: to whine, to blubber

chimère (f): imagining, fancy

Chine (f): China

chinois: Chinese
  c'était du chinois: it was all Greek

chirurgien (m): surgeon

choc (m): shock, impact

choeur (m): chorus, choir

choisir: to choose, to select

choix (m): choice, selection

choqué: in shock

choquer: to shock

chose (f): thing
  une chose pareille: such a thing

choyer: to make much of, to spoil, to pamper

chute (f): fall; waterfall

ci: here

cicatrice (f): scar

ciel (m): sky, heaven
  Dieu du Ciel: heavens above
  grâce (f) du ciel: heaven's sake

cil (m): eyelash

cime (f): summit, top

cimenté: cemented

cinéaste (m): scenario writer; film producer

circonstance (f): circumstance
  de circonstance: improvised for the occasion, required

circuler: to circulate

citadin (m): citizen

citation (f): quote

citer: to quote

citoyen (m): citizen

civilement: civilly

clair: clear
  au clair de lune: in the moonlight

clairement: clearly

claque (f): slap, hit, smack
  flanquer une claque: to slap, to hit

claquer: to bang, to snap

clé (f): key
  donner un tour de clé: to lock

cléon (m): lattice, wicker enclosure, wire mesh
cloche (f): bell
clocher: to ring, to chime
clocher (m): church steeple
cloison (f): partition, division
close: closed
clôture (f): fence, enclosure
clouer: to nail; to pin down
cocher (m): coach (horse) driver
cocotier (m): coconut palm
coeur (m): heart
  à coeur de jour: in full daylight
  avoir le coeur net: to find out, to clear up
  avoir sur le coeur: to be upset
  crève-coeur (m): heartbreak
  de bon coeur: willingly, from the heart
  le coeur à l'aise: with an easy heart
  le coeur serré: sad
  se vider le coeur: to pour out one's heart
  tenir à coeur: to be important
coffre (m): chest, trunk
cogner: to knock, to bump, to smash, to hammer
coiffe (f): cap
coiffer: to cover (the head)
coiffure (f): hairstyle
coin (m): corner, spot
  sourire (m) en coin: broad smile
coincer: to wedge
col (m): collar
  revers (m) du col: lapel
colère (f): anger
collet (m): snare, noose
colline (f): hill
colon (m): farmer, settler
colonisé (m): settler, colonial
coloniser: to settle, to colonize
combattre: to combat, to fight against
comble (m): roof, top; limit
  mettre le comble à tout: to top it all
combler: to fill up, to fulfill

(one's every wish)
comédien (m): actor, comedian
comme: as, like, how
  comme il faut: proper, correct
commencement (m): beginning
commencer: to begin, to commence
comment: how; what!
commerçant (m): merchant
commerce (m): trade, business
commettre: to commit
communauté (f): community; religious order
commune (f): French administrative division; parish
  commune (f) mixte: administration composed of Algerians and of French
compagne (f): companion, school-mate
compagnie (f): company
compagnon (m): companion, friend
  compagnon de voyage: travelling companion
comparaison (f): simile; comparison
compenser: to compensate, to make up for
compère (m): godfather
  compère lapin: Mr. Rabbit
complaisance (f): complacency
complètement: completely
compliqué: complicated
se compliquer: to thicken
compliqués (m pl): mixed-up people
comportement (m): behaviour
comporter: to allow, to admit
se comporter: to behave
compréhensif: understanding
comprendre: to understand
compris: included
compromis (m): compromise
compromisard (m): compromiser
compte (m): account
  se rendre compte: to realize
compter: to count

concéder: to allow
concerner: to concern, to affect
  en ce qui concerne: concerning, with regard to
concierge (m, f): caretaker, superintendent, doorkeeper
conciliant: agreeable
concitoyen (m): fellow citizen, countryman
condamner: to condemn
conduire: to drive; to guide, to lead
se conduire: to conduct oneself, to behave
  c'en fait une manière de se conduire: what a way to behave!
conduite (f): behaviour, action
confectionner: to construct; to make (clothes)
confiance (f): confidence, faith
confiant: trusting, confident
confidence (f): secret
  faire une confidence: to tell something in confidence, in secret
confier: to trust
conflit (m): conflict
confondre: to confound
confrère (m): colleague
confus: confused
congeler: to congeal, to freeze
Congo (m): Belgian Congo: a former Belgian colony of equatorial Africa; now the Republic of Zaïre
connaissance (f): acquaintance; knowledge; consciousness
  perdre connaissance: to pass out
connaître: to know
connivence (f): complicity
connu (connaître): known; met
se consacrer: to consecrate, to dedicate
conscient: conscious
conseil (m): advice
conseiller: to advise, to counsel
conseiller (m): counsellor

constater: to establish, to resolve

constipé (m): old fossil

constipé: constipated

constituer: to constitute, to form, to make up

  se constituer prisonnier: to give oneself up

construire: to build, to construct

consultation (f): medical visit, consultation

conte (m): story; account

contenir: to contain

content: happy

contention (f): immobilization, paralysis

contenu (m): contents

conter: to tell; to mention

conteur (m): narrator, storyteller

contourner: to turn around, to go around

contraire (m): contrary, opposite

contrarié: annoyed, vexed

contre: against

  donner contre: to hit

contrefort (m): abutment

contre-maître (m): foreman

convaincre: to convince

convaincu (convaincre): convinced

convainquant: convincing

convenable: proper, suitable

convenir: to suit, to be suitable; to agree, to admit

convertir: to convert

convient (convenir): is suitable

convoitise (f): covetousness, greed

copeau (m): shaving (of wood), chip

coq (m): cock, rooster

coquetterie (f): flirtation; stylishness

corbeau (m): crow

cordage (m): stringing (of snow shoes); rigging (ship)

corde (f): rope, cord

cordelette (f): small cord; string

cornette (f): cornet

corps (m): body

  corps piqué: quilted bodice

correction (f): correctness

corriger: to correct, to change, to make up

  corriger son retard: to catch up on

Corse (m): Corsican; a person born in Corsica, a French island between France and Italy

corvée (f): thankless job

cossu: wealthy, rich

costaud (m): big guy, strapping man

costaud: strapping, hefty, strong

côte (f): coast, shore, hill

côté (m): side

  à côté de: beside

  à ses côtés: close to, beside

  d'à côté: neighbouring

  du côté de la barbe: on the male side

  passer de côté: to move over

cou (m): neck

  se jeter au cou: to hug, to hang on to someone's neck

couchant (m): setting sun

couchant: setting

couche (f): diaper, layer

  la couche aux fesses: in diapers

se coucher: to go to bed; to set (sun); to stretch out

coude (m): elbow

couillon (m): idiot

coulé: cast, moulded

couler: to run, to pour, to flow (liquid)

couleur (f): colour

coulisse (f): wings (theatre)

couloir (m): corridor

  couloir d'entrée: front hallway

coup (m): flick, blow, shot, hit, hard knock, stroke; drink

  à coup de sacre: thrashing like a trooper, swearing

  à coups de serpe: roughly made

  à coup sûr: for certain

  à petits coups de genoux: with his knees

  un bon coup: a good distance

  ce coup-là: that eventuality

  coup de fusil: gunshot

  coup de gueule: verbal outburst

  coup d'oeil: glance

  coup de pied: kick

  du même coup: at the same time, on the same occasion

  d'une pierre faire deux coups: kill two birds with one stone

  en crier un coup: to cry out

  faire le coup: to carry out

  jeter un coup d'oeil: to glance

  prendre un coup: to have a drink

  tenir le coup: to hold out, to cope

  tout à coup: suddenly

coupable: guilty

coupe (f): cut, cutting

couper: to cut (off); to interrupt

  couper la branche: to cut the apron strings

  couper les vivres: to cut off one's allowance

cour (f): court; yard

  la cour est pleine: you've made your point

  traduit en cour: prosecuted

courage (m): courage

  prendre le courage à deux mains: to take one's courage in hand

courant (m): current

  être au courant de: to know about

  mettre au courant: to inform, to notify

courber: to bend (over)

courbette (f): grovelling

coureur (m): runner

  coureur de bois: trapper, woodsman

courir: to run (free)

  arriver en courant: to come running

couronner: to crown

courrier (m): messenger; mail

cours (m): course
  au cours de: during, throughout
court: short
  le souffle court: out of breath
courtisan (m): courtier
cousin (m): cousin
  cousins issus de germains: second cousins
cousu: covered; sewn
couteau (m): knife
coûter: to cost
  coûte que coûte: at all cost
coutume (f): custom, habit
couturière (f): dressmaker
couvent (m): convent, nunnery
couvercle (m): lid, cover
couvert (m): table setting
couvert (couvrir): covered
couverture (f): blanket
couvrir: to cover
cracher: to spit
craie (f): chalk
craindre: to fear, to dread
craintif: timid
cramponner: to clamp, to clutch, to cling
crâneur (m): braggart
crapaud (m): toad
  le saut de crapaud: fast two-step
craquement (m): cracking
craquer: to burst, to crack
  plein à craquer: jammed full
créature (f): woman (slang)
créer: to create
crémaillère (f): pot hanger
crêpe (f): pancake, crepe
  pâte (f) à crêpe: pancake batter
crépir: to grain, to pebble
cresson (m): cress
creuser: to dig
  se creuser la cervelle: to rack one's brains
creux: hollow
crève-coeur (m): heartbreak
crever: to die
  crever de faim: to be famished, starving
cri (m): cry, shout, yell
  lancer un cri: to shout

crier: to cry out, to shout
  en crier un coup: to cry out
crise (f): crisis, depression; the Great Depression of the 1930s. A depression is a period of economic hardship, more severe than a recession.
cristalliser: to form, to crystallize
critiquer: to criticize
croche: crooked
  aux yeux croches: cross-eyed
crochet (m): hook
croire: to believe, to think
croiser: to cross, to pass
  aux bras croisés: idle
se croiser: to intersect, to meet
croix (f): cross, burden
crotte (f): crap
crotté: dirty, muddied
croy: crois (croire): (I) believe
  croyez pas: you don't believe it?
cru (croire): thought, believed
cru (m): vintage, brewing
cruauté (f): cruelty
crumpet (Eng.): a thin batter cake usually toasted and buttered
cueilli: picked
cueillir: to pick, to gather
cuir (m): leather, skin
  en cuir capitonné: in padded leather
cuire: to cook
cuisinière (f): cooking stove
cuisse (f): thigh
cuit (cuire): cooked
cul: faire cul sec: to gulp down
cultivateur (m): farmer
cultiver: to grow, to cultivate
cupidité (f): greed
curé (m): priest

D

d'abord: at first
d'accord: in agreement; O.K.
d'ailleurs: moreover, besides
dame (f): lady

dames Ursulines: Sisters of the Ursuline Convent
damner: to damn
  faire damner: to have (get) damned
danse (f): dance, dancing
d'après: according to
datte (f): date (fruit)
davantage: more
débâcle (f): breaking up; downfall
débâillonner: to free, to ungag
débarquement (m): landing, disembarkment
débarquer: to disembark, to land
débarras (m): riddance
débarrasser: to rid; to free
débattre: to debate, to discuss
se débattre: to struggle
débiter: to spout, to utter
  se faire débiter: to be told
déboucher: to emerge, to come forth
debout: standing
début (m): beginning, start
débuter: to start
décacheter: to unseal, to break open
déception (f): disappointment
décerner: to award
décevoir: to disappoint; to deceive
déchaîné: loosened up, wild, loud
décharger: to unload, to get rid of
déchiffrer: to decipher, to read with difficulty
déchirant: heart-rending
déchirement (m): tearing, wrenching
déchirer: to tear, to break
décidé: decisive; decided
décidément: decidedly; really
déclaration (f): statement
déçoit (décevoir): deceives; upsets
décolorer: to discolour, to fade
décontenancer: to upset, to disconcert
décor (m): setting; scenery; décor

découragement (m): discouragement

découvert (découvrir): cleared; discovered

à découvert: in the open

découverte (f): discovery

découvreur (m): discoverer

découvrir: to discover, to lay bare

décrire: to describe

décrocher: to take down, to get down

déçu (décevoir): disappointed; deceived

dedans: inside, within

tirer dedans: to shoot

défaillance (f): fainting; (heart) attack; weakness

défaire: to rid, to undo, to free

défendre: to defend; to forbid

défi (m): challenge

défilé (m): reception line; parade

se défiler: to slip away; to take cover, to avoid the issue

définitif: permanent, definite

défoncé: full of potholes

dégager: to disengage; to withdraw; to retreat

dégarrotter: to loosen, to set free

dégel (m): thaw

dégeler: to thaw

dégoût (m): disgust

dégoûter: to disgust

dégringolade (f): fall

dégriser: to sober up

dégustation (f): tasting

dehors: outside

mettre dehors: to make go away; to put out

déjà: already

déjeuner (m): lunch; breakfast

petit déjeuner: breakfast

delà: au delà: beyond

délectable: delectable, delicious

délier: to untie

délire (m): delirium

délivrer: to release, to free

démarche (f): walk, gait

démêler: to disentangle

démêler leur écheveau (m): to disentangle the maze of their lives

démence (f): insanity

demeurer: to remain; to live

demi (m): half

demi-saison: short season, midseason

démodé: old-fashioned

demoiselle (f): single woman

démolir: to demolish

se démolir: to self-destruct

démontrer: to show, to point out

dénicher: to discover

dénommé: so-called, named

dénoncer: to declare (war); to betray; to denounce; to expose

dénouer: to untie

dent (f): tooth

avoir les dents pointues: to be greedy

les dents serrées: gritting one's teeth

dentelle (f): lace

départ (m): departure

département (m): an administrative division of French territory

dépasser: to pass beyond; to beat; to go through

dépaysé: out of place

dépayser: to remove (from home)

se dépêcher: to hurry

dépendre: to depend

dépens (m pl): cost, expenses

dépense (f): expense

dépit (m): spite, resentment

en dépit de: in spite of

déplacement (m): trip

se déplacer: to travel

déplier: to unfold

déposer: to deposit, to place, to put (down)

dépôt (m): prison

depuis: (ever) since; for

depuis longtemps: for a long time

depuis quand: for how long

député (m): delegate

député bleu (m): Conservative Member of Parliament (Ottawa) or Union Nationale Member of the National Assembly (Quebec)

député rouge (m): Liberal Member of Parliament (Ottawa) or Liberal Member of the National Assembly (Quebec)

déraisonnable: unreasonable

déranger: to disturb; to upset; to bother; to get drunk

déréglé: out of order; excessive

dernier (m): the latter

dernier: last

le jugement dernier: the Last Judgment

dès: as early (soon) as, from, upon, from ... on

dès le réveil: upon awakening

dès leur sortie: as soon as they left

dès que: as soon as possible

désagréable: mean, nasty, unpleasant

désappointé: disappointed

désarçonner: to dumbfound

désarroi (m): disarray, disorder, confusion

désastre (m): disaster

désavantage (m): disadvantage

descendre: to go down, to come down

désert (m): desert

désert: empty, deserted

désespéré: desperate

désespérer: to despair

désespoir (m): despair

déshabillé (m): nightgown; wrap

se déshabiller: to undress

désigner: to designate, to show

désir (m): desire, wish

désireux: desirous, wishing

désoeuvré: unoccupied, idle

désolé: sorry, regretful, grieved

désordre (m): confusion

desquels: auprès desquels:
beside which
se dessécher: to dry out
desserrer: to loosen
desservi: cleared
desservir: to clear (away)
dessin (m): sketch, drawing
dessiner: to draw
à peine dessiné: hardly
showing
se dessiner: to stand out
dessus (m): top, upper part;
on it
au-dessus: over
reprendre le dessus: to
regain the upper hand
détachement (m): detachment,
draft
détacher: to pry free, to free
détendre: to slacken, to relax,
to release
détenir: to be in possession of
détente (f): relaxation; easing,
stopping
détourner: to turn, to divert
détremper: to moisten, to soak
détresse (f): distress, anguish
détruire: to destroy
deuil (m): mourning, sorrow
deux: two
à deux: with the two of us
Deux-Montagnes: village near
Montreal
entre deux âges:
middle-aged
dévaler: to descend, to go
down
devant: in front of
prendre les devants sur: to
get the advantage of
devenir: to become
déverser: to pour
devienne (devenir): become
deviné: suspected
deviner: to guess, to make
out; to foresee
devise (f): motto
devoir: must, to have to;
to owe
devoir (m): duty
dévorer: to eat, to devour, to
burn

dévouer: to dedicate, to
devote
devrais (devoir): should, ought
diable (m): devil
un diable de diable: a big
devil of a devil
diapositive (f): slide (picture)
Dieu (m): God
bon Dieu: good heavens
Dieu du Ciel: heavens above
Mon Dieu: dear God; good
heavens!
une chance du bon Dieu:
a stroke of luck
digne: worthy, dignified
dilemme (m): dilemma,
problem
dire: to say, to speak, to tell
avoir beau dire: to talk in
vain
c'est-à-dire: that's to say
dire vrai: to speak the truth
vouloir dire: to mean
dire (m): saying, statement
diriger: to direct, to control,
to lead
se diriger: to head
dis donc!: see here!
discours (m): speech
discrète: discreet
discrètement: discreetly,
secretly
discutable: debatable
discuter: to discuss
disparaître: to disappear, to
vanish
disparu (disparaître):
disappeared
dispensé: excused
disponible: available, left
disposer: to arrange
disque (m): record
disséminer: to scatter
distinguer: to distinguish, to
make out
distrait: absent-minded
distribuer: to distribute
dit (dire): said; called
dit(es): so-called
tenez-vous le pour dit: that's
for sure
divan (m): couch

divers: changing, varying
diversion (f): diversion
faire diversion: to create a
diversion
divertissement (m):
amusement
diviser: to divide
djellabah (f): a long-sleeved
hooded Arab robe; caftan
docile: docile, obedient
docilité (f): docility,
obedience, submissiveness
doigt (m): finger
domaine (m): domain, lands
dominer: to rule, to dominate
dompter: to tame
faire dompter: to have
disciplined
don (m): gift
donc: so, therefore
dis donc: see here!
laissez donc: let it be!
voyons donc: come! come!
donner: to give
donner contre: to hit
donner du fil à retordre: to
make trouble
donner la peine: to take the
trouble
donner raison: to declare; to
agree
donner sur: to look out on
donner un tour de clé: to
lock
rien ne donne: it's no good
dont: of which, whose
doré: gilded, golden
dorer: to gild; to brown
dorer la pilule: to sugar-coat
the pill
dorloter: to pamper
dormeur (m): sleeper
dormir: to sleep
dormir la sieste: to have a
siesta
dort (dormir): sleeps
dortoir (m): dormitory,
sleeping room
dos (m): back
en avoir plein le dos: to be
fed up
manger la laine sur le dos: to

fleece, to take someone's money

mettre sur le dos: to blame, to accuse

tourner le dos: to turn one's back, to turn around

dossier (m): document; file

dot (f): dowry

doubler: to double; to fold; to pass

douce (doux): gentle, soft, sweet

doucement: gently, softly

douceur (f): gentleness, softness

sans douceur: roughly

douche (f): shower

douleur (f): suffering, sorrow, pain, grief

doulx: **doux**: soft, gentle, sweet, mild

doute (m): doubt

mettre en doute: to doubt

sans doute: no doubt

douter (de): to doubt

se douter de: to suspect, to have an idea

doux: gentle, soft, sweet, mild

doux temps (m): mild weather

douzaine (f): dozen

dramaturge (m): playwright

drame (m): drama, action, suspense

dresser: to erect, to set up, to draw up

droit (m): right; law

droit: right, straight

à droite (f): to the right

drôle: funny

drôle de: funny kind of

dû (devoir): had to

dur: hard

dur d'oreille: hard of hearing

durant: during

durcir: to harden, to get tough

se durcir: to grow hard, tough

durée (f): length (time)

durer: to last, to endure; to take

dus (devoir): owed, must have

E

eau (f): water

à l'eau de rose: like rose water

tirer la chasse d'eau: to flush the toilet

ébouriffer: to dishevel, to ruffle

s'ébrouer: to snort; to splash about

écarter: to separate, to part

échanger: to exchange

s'échapper: to escape, to break free, to go by, to get away from

échéance (f): due date; destined reckoning

écheveau (m): skein

démêler leur écheveau: to disentangle the maze of their lives

échouer: to fail; to beach

éclaboussé: spattered, covered

éclair (m): flash (of lightning)

éclairage (m): lighting, illumination

éclairer: to light (up), to brighten (up)

éclat (m): flash, burst

éclat de rire: burst of laughter

éclater: to explode, to burst, to erupt

éclater de rire: to burst out laughing

écoeurement (m): disgust, discouragement

écoeurer: to dishearten, to disgust

école (f): school

école normale: teachers' college

la p'tite école: public school

économie (f): saving

écorce (f): bark (tree)

écouler: to pass, to elapse

écrasé: prostrate

écraser: to crush, to squash, to wipe out, to brush aside

s'écraser: to collapse, to sit down

s'écrier: to exclaim, to shout, to cry out

écrit (m): in writing

écriture (f): handwriting

écrivain (m): writer, author

s'écrouler: to collapse, to fall to pieces

écu (m): coin

écu patagon: Patagonian coin

écueil (m): rock; snag; reef

écureuil (m): squirrel

édifice (m): building

effacé: retiring

s'effacer: to erase; to stand aside; to disappear

effarer: to frighten

effet (m): effect

en effet: in fact; that's true

efforcer: to strive

s'efforcer: to make an effort

effrayer: to frighten

effusion (f): affection; outpouring

égal: equal, even

ça m'est égal: I don't care

également: equally, also

égalitaire: egalitarian; equal

égalité (f): equality

égard: **à l'égard de**: with regard to, concerning

égoïsme (m): selfishness

égoïste: selfish

éjaculer: to spout forth

El Ameur: French military position in Algeria

s'élancer: to dash forward, to rush

élargir: to widen

élève (m, f): pupil

drôle d'élève: funny kind of pupil

élevé: high; lofty; raised

élever: to bring up; to raise

élogieux: complimentary

s'éloigner: to withdraw, to move (away) to a distance; to separate

émaillé: sprinkled

émailler: to dot, to fleck

emballé: runaway

emballer: to excite; to run away; to wrap

embarcation (f): boat

embarquer: to embark; to put on a ship

embaucher: to hire

embouchure (f): mouth (of river)

embrasser: to embrace, to hug, to kiss

embrasure (f): doorway; recess

fenêtre (f) à embrasure profonde: recessed window

s'émerveiller: to marvel, to be amazed

émettre: to utter

éminence (f): rise

emmaillé: mixed (C)

émoi (m): emotion, excitement

émotif: emotional

émouvant: moving, touching, emotional

émouvoir: to affect, to move

s'emparer: to grab, to take hold of

empêcher: to prevent

s'empiffrer: to stuff oneself

empire (m): domain

emplir: to fill

employer: to use

empoigner: to grasp, to seize

emporter: to carry away, to sweep along

emprunté: stiff, awkward

emprunter: to borrow

ému (émouvoir): affected, moved

en: in, into

en plus: in addition to

encager: to imprison

encastrer: to embed, to set in

enceinte: pregnant

encombrer: to encumber; to congest

encore: yet, still, again, more

encore une fois: once again

pas encore: not yet

que sais-je encore: and goodness knows what else

encre (f): ink

endiablé: reckless, devilish, furious

s'endormir: to fall asleep

endroit (m): spot, place

endurer: to endure, to put up with, to stand, to bear

s'énerver: to be irritable, fidgety, upset, on edge

enfance (f): childhood

enfant (m, f): baby, child

jardin (m) d'enfants: kindergarten

enfer (m): hell

enfermer: to imprison, to lock in

enfiler: to thread; to file; to put on

enfin: finally

enfoncer: to drive in, to dig in; to recess

s'enfoncer: to sink, to bury oneself

enfouir: to hide, to bury

s'enfuir: to flee, to run away

engagement (m): promise, engagement, agreement

engager: to commit; to bind; to volunteer; to determine; to employ

engloutir: to swallow

engraisser: to fatten (animals); to fertilize

engranger à plein fenil: to fill one's barn

engueuler: to scream at, to tell off

enjeu (m): stake

enlever: to remove; to sweep away

ennemi (m): enemy

ennui (m): worry; pain, boredom, grief; difficulty

s'ennuyer: to be bored; to be worried; to be weary

ennuyeux: tiresome, bothersome, tedious

énorme: enormous

énormité (f): enormity; stupid statement

enragé (m): madman

enrichir: to enrich

s'enrichir: to become rich(er)

enroulé: doubled up

s'enrouler: to wind, to coil; to roll up

enseignement (m): teaching

enseigner: to teach; to show

ensemble (m): the whole

enserrer: to clasp

ensoleillé: sunny

ensuite: after(wards), then

entailler: to tap

entame (f): first cut

entamer: to cut into, to start

entendre: to hear; to understand

s'entendre: to get along

entendu: understood

bien entendu: of course

s'entêter: to be stubborn, to persist, to insist

entier: complete(ly), entire(ly)

tout entier: completely

des années entières: years on end

entièrement: entirely, completely

entonner: to begin to sing

entourer: to surround

entrailles (f pl): womb

entraîner: to drag, to sweep along

entre: between

entre deux âges: middle-aged

entrebâiller: to set (door) ajar

entrée (f): entrance(way) (hall); lobby

couloir (m) d'entrée: front hallway

entreprendre: to undertake

entrer: to come in

faire entrer: to show in

entretenir: to maintain, to keep up

entretien (m): conversation

entrevoir: to catch a glimpse of

entrevu: glimpsed

envahir: to invade, to take over

envelopper: to encompass

envers (m): reverse

à l'envers: upside down, topsy-turvy

envers: toward

envie (f): desire, longing

avoir envie de: to feel like, to want

sans envie: not to feel like it

environner: to surround

s'envoler: to fly away

envoyer: to send

épais: thick

épanoui: fulfilled

s'épanouir: to open out, up; to light up

éparpillé: scattered

épaule (f): shoulder
  hausser les épaules: to shrug one's shoulders

épinette (f): spruce
  c'est de la petite bière d'épinette éventée: it's chicken feed

époque (f): time, era

épouse (f): wife

épouser: to marry

épouvanté: horrified

épouvanter: to terrify

époux (m): husband

épreuve (f): trial, test, affliction

éprouver: to feel, to experience

épuiser: to exhaust

équarrir: to square (timber)

équilibre (m): equilibrium
  en équilibre: balancing

équipage (m): crew; work force
  homme (m) d'équipage: crew member

érable (m): maple tree

érablière (f): stand of maple trees

errant: roaming, roving, wandering

errer: to wander, to roam

escalier (m): staircase

esclavage (m): slavery, bondage

esclave (m, f): slave

espace (m): space; extent; place

s'espacer: to space out
  ses gémissements s'espaçaient: his groans were becoming less frequent

espèce (f): kind, sort
  espèce de: what a stupid kind of

espérer: to hope

espoir (m): hope

esprit (m): spirit
  esprit en fête: festive mood
  esprit positif: positive thinker

esquisser: to sketch, to outline

essai (m): test, try

essayer: to try

essoufflé: out of breath

essouffler: to blow, to breathe

essuyer: to clean, to wipe

est: il n'est: there is no
  c'est pas: ce n'est pas: it is not
  y'est: il est: he (it) is

est (m): east

estomac (m): stomach
  avoir l'estomac dans les talons: to be starving

estrade (f): platform, stage

estuaire (m): estuary

établir: to establish, to set up

étagère (f): shelf; rack

étaler: to spread out

étang (m): pond, pool

étant (être): being

état (m): state
  état d'âme: frame of mind

été (m): summer
  en été: in the summer
  été des sauvages: Indian summer

éteignit (éteindre): turned off (lights)

éteindre: to turn off (lights)

s'éteindre: to fade, to die down, to go out, to disappear, to be extinguished

s'étendre: to stretch out, to spread (out), to lie down

étendu: stretched out; extensive
  étendu d'eau: mixed, diluted with water

étendue (f): stretch

étinceler: to sparkle, to glitter

étoile (f): star

étoilé: starry

étonnant: surprising, astonishing

étonnement (m): surprise

étonner: to surprise, to astonish

s'étonner: to be surprised, to wonder

étouffer: to suffocate, to choke; to suppress

étourderie (f): thoughtlessness

étrange: strange, curious

étrangement: strangely

étranger: strange; foreign
  à l'étranger: abroad

être: to be
  être à: to belong to
  être à point: to be just right
  être au courant de: to know about
  être dans le même sac: to be in the same boat
  être de retour: to be back
  être mal: to be in dire straights; to be badly off
  être sonné: to be under fire, to be a marked person

être (m): being, person

étrenner: to use for the first time

étroit: narrow

étroitement: closely

étude (f): study

eûmes (avoir): would have; had

euphorie (f): sublime happiness

eurent (avoir): would have; had

eus, eusse(nt) (avoir): would have; had

eût (avoir): would have
  eût mieux valu: would have been better
  il y eut: there was

évanouir: to disappear

s'évanouir: to faint; to fade

évasion (f): escape

s'éveiller: to wake up

événement (m): event

éventé: flat, stale
  c'est de la petite bière d'épinette éventée: it's chicken feed

évêque (m): bishop
  pierre (f) d'évêque: bishop's ring

évidemment: evidently, certainly, obviously

éviter: to avoid, to prevent

évoquer: to call up

exaltant: exciting, stirring

examen (m): examination
faire l'examen: to examine

excédé: exasperated

exclure: to exclude

excuse (f): excuse, apology

exemplaire (m): copy

exercer: to exercise, to practise

exhorter: to exhort, to urge, to encourage

exiger: to demand, to ask, to require

exiler: to exile

expliquer: to explain

s'expliquer: to comprehend

exploiter: to exploit, to use

exploser: to explode

exprès: on purpose
tout exprès: with the sole purpose

exprimer: to express

extérieur: outside
Bureau (m) des Affairs Extérieures: Department of External Affairs

extrait (m): extract

extraordinairement: extremely, extraordinary

extrêmement: extremely

F

fabricant (m): maker

fabriquer: to manufacture, to make

face (f): face
en face: straight in the eyes
en face de: across from
face à: facing
face à face (m): meeting
regarder en face: to look directly at

se fâcher: to get angry

fâcheux: annoying

facile: easy

faciliter: to facilitate, to make easier

façon (f): way, manner

à sa façon: in one's way
de toute façon: in any case
de toutes les façons: in every way

faction: de faction: on duty

faculté (f): faculty, school

fadasse d'héritière (f): washed-out heiress

fade: washed-out

faible: weak

faiblement: weakly, softly

faiblir: to weaken, to soften, to waver

faille (falloir): have to, must

faillir: to fail; to almost (verb)
j'ai failli (être): I (was) almost

faim (f): hunger
avoir faim: to be hungry
crever de faim: to be famished, starving

faire: to do; to make; to pretend to be
ça fait ... que: it's been ... (since)
c'en est fait: that does it; that's the last straw
c'en fait une manière de se conduire: what a way to behave!
d'une pierre faire deux coups: kill two birds with one stone
faire l'affaire: to suit
faire un bridge: to play bridge
faire une confidence: to tell something in secret, in confidence
faire le coup: to carry out
faire cul sec: to gulp down
faire damner: to have (get) damned
faire diversion: to create a diversion
faire dompter: to be disciplined
faire entrer: to show in
faire l'examen: to examine
faire front à: to stand up to
faire grâce à: to pardon
faire la guerre: to wage, to make war

faire irruption: to burst

faire lâcher prise: to make … let go

faire (du) mal à: to hurt

faire de son mieux: to do one's best

faire mine de: to make look as if

faire des noces: to celebrate a wedding

faire ses oraisons: to pray

faire place à: to give way to

faire plaisir à: to please

faire ressortir: to highlight

faire la soudure: to bridge the gap, to make do

faire un saut: to drop in

faire signe: to signal, to beckon

faire un somme: to have a nap

faire souvenir de: to remind

faire les sucres: to make maple sugar, syrup

faire taire: to quieten (down)

faire la toilette: to clean up, to get washed

faire tourner: to twirl

laisser faire: to let happen; to have one's way

sans avoir eu l'temps d'faire ouf: in the blink of an eye

se faire: to take place
se faire bien voir: to win approval
se faire débiter: to be told
se faire du mauvais sang: to worry
se faire tuer: to be killed

s'en faire: to worry; to care about

toute faite: ready-made

faisandé: spicy; rotten

faisant (faire): making
en faisant: while doing

fait (faire): makes; made
ça fait ... (que): it's been ... (since)
c'en est fait: that does it; that's the last straw
c'en fait une manière de se conduire: what a way to behave!

fait sur mesure: made to measure
  se fait: is made
  toute faite: ready-made
fait (m): fact
  au fait: in fact
falaise (f): cliff
fallait (falloir): was necessary
falloir: to be necessary
fallu (falloir): was necessary
fameux: famous
familial: (of) family
se familiariser: to become familiar
familier: close, intimate
  animal (m) familier: pet
fanal (m): lantern
fanfare (f): band; fanfare
fanfaron (m): braggart; boasting
fantaisie (f): fantasy, imagination
fantôme (m): phantom, ghost
farce (f): joke
  farce plate: empty joke
farine (f): flour
farouche: wild, savage
farouchement: wildly
fasse(s) (faire): make
  fasse tant de peine (f): causes so much pain
  Que voulez-vous que j'y fasse? What do you want me to do about it?
fatigue (f): tiredness, fatigue
fatigué: tired
fatuité (f): conceit, vanity
faucheur (m): mower
faudra (falloir): will be necessary; I will have to
faudrait (falloir): would be necessary
se faufiler: to thread one's way, to creep, to sneak
fausse (faux): false
faut: il faut: one has to; it is necessary; one needs
  comme il faut: proper, correct
  il me faut: I need
  il ne faut plus: there is no point
faute (f): fault, error

faute de: for lack of
fauteuil (m): armchair
faux (f): scythe
  moissonner à pleine faux: to have a good harvest
faux: false
fébrilement: feverishly
fédéraliste (m, f): a person who believes in a union of the provinces in which each member subordinates its power to a central authority
feit: fait (faire): does, makes
fêlé: cracked
féliciter: to compliment; to congratulate
fendre: to split
fenêtre (f): window
  fenêtre à embrasure profonde: recessed window
  par la fenêtre: out of the window
fenil (m): hayloft
  engranger à plein fenil: to fill one's barn
ferandine (f): silk; woollen material
ferme (f): farm
ferme: firm, solid
fermier (m): farmer
féroce: wild, ferocious, fierce
ferrailler: to go at it hammer and tongs
ferré: iron-tipped, fitted with iron
ferrer: to fit, to mount (something iron)
fervent: ardent, earnest
fesse (f): buttock, bottom
  la couche aux fesses: in diapers
festoyer: to feast, to party
fête (f): festival; party
  en fête: festive
fêter: to celebrate
fétiche (m): missionary
feu (m): fire
  mouche (f) à feu: firefly
feuille (f): leaf; sheet
feuillu: leafy
fiasco (m): mess
ficelle (f): string
se ficher: to make fun of; to

not care, to not give a damn
fidèle: loyal, faithful
fiel (m): gall, bitterness
fier(ère): proud
fièrement: proudly
fièvre (f): fever, restlessness
  fièvre des foins: hayfever (C)
fiévreux: agitated
figure (f): face
se figurer: to imagine; to accept
  figure-toi: let me tell you
fil (m): edge; thread
  donner du fil à retordre: to make trouble
  le plus de fil à retordre: the most trouble
filer: to run; to escape; to speed; to be off
filet (m): fine line; net
  filet de mercure: thin line of mercury
  sans filet: without a net
filin (m): rope
fille (f): girl
  fille de rien: girl with nothing
  fille du roi: in the 17th century, a young woman, poor, but of good breeding who received a dowry from the King to go to Canada to marry a French colonist
fin (f): end
fin: fine
  au fin fond: at the very bottom, in the depths
  fin regard (m): shrewd glance
final: final
  point (m) final: no discussion
finir: to finish
fit (faire): made; said
  fit mine de: made as if to
  fit taire: silenced
fixement: firmly
  regarder fixement: to stare
fixer: to set
flacon (m): bottle
flamand: Flemish: applies to a person coming from the northern part of Belgium

and speaking a language similar to Dutch

flamber: to blaze, to flame, to light

flamme (f): flame

flanc (m): flank, side

flâner: to loaf, to stroll

flanquer: to hit, to throw

  flanquer des gifles (claques): to slap

flaque (f): puddle, pool

flatteur (m): flatterer

flatteur: flattering

flèche (f): arrow

fléché: with an arrow design

fléchir: to bend, to bow

fleur (f): flower

fleuve (m): river

floraison (f): proliferation, blossoming

flore (f): flora

flot (m): flood

flotte (f): fleet

flotter: to float

foi (f): faith; word

foie (m): liver

foin (m): hay

  fièvre (f) des foins: hayfever (C)

  fièvre (f) des foins-foins: frenzy of the smart alecks

  les foins: haying

fois (f): time

  à la fois: at the same time

  deux fois l'année: twice a year

  encore une fois: once again

  une fois pour toutes: once and for all

folie (f): madness; nonsense; something crazy; lust

  à la folie: like mad

follement: madly; extravagantly

foncé: dark (colour)

foncer: to charge, to rush upon, into

fonction (f): function

  en fonction de: according to

fonctionner: to function

fond (m): bottom, (far) end, back

  à fond: thoroughly

  au (fin) fond: at the very

bottom, in the depths

fondatrice (f): founder

fonder: to found

fondre: to fade out; to melt

fondu: melted

force (f): strength

  de force: with force

forcené (m): madman

forcené: frantic

forcer: to force

forêt (f): forest

formule (f): formula, phrase; prescription

fort (m): fort

fort: strong; loud; very; hard

  au fort de: amidst, in the middle of

  au plus fort: at the height

fortement: firmly, greatly, richly

fortune (f): good luck; destiny

fossé (m): ditch, gap

  fossé des générations: generation gap

fou (m): fool

fou: crazy

fouetter: to whip

fouine (f): weasel

fouiner: to ferret, to nose about, to be nosy

foule (f): crowd

four (m): oven

fourneau (m): stove

fournir: to complete; to fill; to furnish; to provide

fourrer: to stuff

fourrure (f): fur, skin

fous: tu te fous de moi?: are you making fun of me?

fout: s'en fout (foutre): doesn't give a damn!

foutaise (f): Bull! Baloney!

foyer (m): hearth, fireplace; home, house

fraîche (frais): fresh

fraîcheur (f): coolness; bloom

frais (m pl): expenses

frais: fresh

franc (m): franc (French money)

franc (franche): free; frank, honest

  bois (m) franc: hardwood

franchement: frankly, directly

franchir: to cross; to clear

franchise (f): frankness, openness

frange (f): fringe

frapper: to strike, to hit, to knock

fraternité (f): fraternity

frayeur (f): fright, fear

frein (m): brake

  ronger son frein: to chomp at the bit

freiner: to brake

frelon (m): hornet

frémir: to tremble, to shake with fear

frénétique: frantic, frenzied

fréquenter: to see often; to date

frère (m): brother; friar; priest

fresque (f): fresco (art)

friable: crumbly

frimas (m): (hoar) frost

fripé: wrinkled

frisson (m): shiver

frissonner: to shiver, to shudder

froid (m): cold

froidement: coldly; realistically

froisser: to crumble

fromage (m): cheese

front (m): forehead; front

  faire front à: to stand up to

fronteau (m): border (C)

frontière (f): frontier, border, boundary

frotter: to rub

fruit (m): fruit

  pâte (f) de fruits: fruity paste

fui (fuir): fled

fuir: to flee

fuite (f): flight

  prendre la fuite: to take flight

fumée (f): smoke

fumer: to smoke

funérailles (f pl): funeral

fureur (f): fury

furie (f): fury, anger

  en furie: furious

furieux: furious

furtif: stealthy, furtive

fus (être): were, was
fusil (m): rifle, gun
  coup (m) de fusil: gunshot
fussent (être): were
fut: s'en fut: went away
fût (être): were, was
  s'il se fût agi: if it were

G

gâcher: to spoil, to ruin
gagner: to win, to earn, to obtain, to make (money); to save; to overtake
gai: gay, merry
galamment: galantly, courteously
galant: elegant, stately, polite, courteous
galerie (f): veranda
galette (f): biscuit, cake, tart
galopin (m): delinquent
gant (m): glove
  gant de mouton: sheepskin glove
garçon (m): boy
  un grand petit garçon barbu: an overgrown little boy
garde (m, f): guard
garder: to keep, to protect
  garder dans les jupes: to keep tied to apron strings
gardien (m): guardian; (goal) keeper; guard
gare (f): (railway) station
gare!: look out!
garer: to put (away), to park
Gargantua: a character in the works of Rabelais known for his huge appetite
garnison (f): garrison
Garonne (f): river in southern France
garrotter: to tie up, to pinion
gars (m): lad, guy
gaspiller: to waste
gâter: to spoil, to corrupt
se gâter: to be ruined, to go wrong
Gatineau (f): a river in Quebec near Ottawa
gauche: left; clumsy
  à gauche (f): to the left

gay: gai: happy
gaz (m): gas
gazette (f): newspaper
géant (m): giant
geindre: to whine, to whimper
gelée (f): frost
geler: to freeze
gémir: to moan, to groan
gémissant (gémir): moaning, groaning
gémissement (m): groaning
  ses gémissements s'espaçaient: his groans were becoming less frequent
gênant: awkward; embarrassing; annoying
gendarme (m): constable, police officer
gêné: uneasy, embarrassed, bothered
gêner: to bother, to embarrass, to be a hindrance
généraux (général) (m): generals
généreux: noble, generous
gêneur (m): spoiler; hindrance; intruder; one too many
genévrier (m): juniper tree
génial: inspired, brilliant
génie (m): genius, spirit
genou (m): knee
  à petits coups de genoux: with his knees
genre (m): kind, type
gens (m pl): people
gentil: pretty, nice, kind
gentillesse (f): kindness
germains: cousins issus de germains: second cousins
geste (m): gesture, motion
gibier (m): game (wild animals)
giboulée (f): sudden (hail) shower
gifle (f): slap
  flanquer des gifles: to slap
gifler: to slap
gisent: lie
givre (m): (hoar) frost
glace (f): ice; mirror
glacer: to freeze

glaïeul (m): gladiolus
glisser: to slide, to slip, to glide
globe (m): globe; sphere; glass bell
godiche (m): simpleton, bumpkin, slob
gondoler: to warp, to crumple
gonfler: to swell, to inflate; to stuff
gorge (f): throat
  avoir la gorge serrée: to have a lump in one's throat
  sa gorge se nouer: to have a lump in one's throat
gorgée (f): gulp
gouffre (m): gulf, depth, chasm
  gouffres amers: bitter depths
goût (m): taste; style, manner
goûter: to taste
goutte (f): drop
gouvernail (m): rudder
gouvernante (f): servant; governess
gouverner: to steer
grabat (m): cot
grâce (f): grace, charm
  grâce à: thanks to
  grâce du ciel: heaven's sake
  faire grâce à: to pardon, to spare
gracieux: charming, gracious
grain (m): grain; (coffee) grounds
  carré (m) à grain: grain bin
  grain de quatre heures: fast growing grain
graine (f): seed
grand: big
  grand'amie (f): (girl) lady friend
  grand cas: fuss
  grand temps: high time
  pas grand'chose: nothing much, not much
  plus grand'chose: not much
Grande Charte (f): the "Great Charter" (Magna Carta) of English Constitutional history, signed by King John in 1215

Grande Société (f): High Society

grandeur (f): size

grandir: to grow up, to increase

grange (f): barn

gras: greasy, fat, big

gratter: to scrape, to scratch

gratuitement: free; without motive

grave: heavy, serious, important

gravir: to climb, to ascend

Grec (m): Greek

grège: raw (silk)

grément (m): agricultural implement, equipment

grenier (m): attic

grève (f): strike; beach

grief (m): reproach
  chapelet (m) de griefs: string of grievances

griffer: to scratch

grignoter: to nibble at

griller: to fry, to burn

grimacer: to grimace, to make faces

grimper: to climb (up)

gris: gray

grivois: dirty, lewd
  propos (m) grivois: suggestive remark

gronder: to growl; to murmur; to scold; to roar

gros: big, fat, heavy

Guadeloupe (f): a small French island in the Caribbean

gué: traverser à gué: to ford (a river)

guère: barely, hardly; not much
  il n'en est guère: there are hardly any

guérir: to cure, to heal

guérisseur (m): healer

guérisseur: healing

guerre (f): war
  d'avant-guerre: prewar
  faire la guerre: to wage, to make war
  une sucrée de guerre: a sweetheart of a war

guetter: to watch for; to lie in watch for

gueule (f): mouth; face; look
  coup (m) de gueule: verbal outburst

gueuler: to bawl out; to shout, to yell, to protest

gui (m): mistletoe

Guinée (f): Guinea

H

habiller: to dress; to prepare

s'habiller: to get dressed

habit (m): suit, costume; coat; clothing
  une belle habit (f): Sunday best (C)

habitation (f): dwelling

habiter: to live, to inhabit, to dwell in

habitude (f): habit
  d'habitude: usually

habitué: used

habituellement: usually

habituer: to accustom

haillon (m): rag (of clothing)

haillonneux: ragged, tattered

haine (f): hatred

haïr: to hate

hais (haïr): hate

haïssable: hateful

Haïti (f): French island in the Caribbean

haïtien: Haitian; of Haiti

halte (f): stop, halt

hanche (f): hip

hangar (m): shed (C)

hanter: to haunt

hardiment: boldly, fearlessly; heartily

hasard (m): chance, luck
  au hasard: blindly
  par hasard: by accident, chance

hasarder: to risk, to chance

hâte (f): haste

hâter: to hasten, to hurry

haussant: raising

hausser: to raise
  hausser les épaules (f): to shrug one's shoulders

haut (m): top
  d'en haut: up north
  en haut: up; at the top of

en haut de: top part of

haut vitré: glassed upper-part

haut: high; aloud; shrill
  tout haut: out loud

hauteur (f): height, altitude
  à hauteur: at the level

Le Havre: French port in Normandy on the English Channel

hé: hello! hi there!

hebdomadaire: weekly

héberger: to lodge, to shelter

hébéter: to dull; to daze

hein: eh?

hélas: alas!

henricade: à la henricade: pointed

herbe (f): weed; grass
  brin (m) d'herbe: blade of grass

hérissé: bristly

héritier(ière): heir, heiress
  fadasse (f) d'héritière: washed-out heiress

héroïne (f): heroine

héros (m): hero

hésiter: to hesitate

heure (f): hour; time
  à l'heure: at the time; on time
  de bonne heure: early
  grain (m) de quatre heures: fast growing grain
  tout à l'heure: just a while ago; in a minute

heureusement: fortunately

heureux: happy
  heureux dans sa peau: happy as he is

heurt (m): shock, bump
  sans heurt: smoothly

heurter: to knock against; to run into

hiberner: to hibernate

histoire (f): history; story

historiographe (m): chronicler

hiver (m): winter

Hochelaga: former name of Montreal

hollandais: Dutch

hommage (m): tribute, token

homme (m): man

homme d'équipage: crew member
honnesteté: honnêteté (f): honesty, integrity
honnête: honest
honneur (m): honour
honte (f): shame, disgrace
honteux: ashamed
hoquet (m): hiccup
horloge (f): clock
hormis: except, but
horreur (f): horror
  avoir horreur: to hate
hors: outside, out
hôte (m): host; guest; inhabitant
houle (f): swell (of sea)
houleux: swelling
houlis (m): swell (of waves)
huée (f): booing, jeering
huile (f): oil
huilé: oiled; smooth, soundless
huiler: to oil
humblement: humbly
humer: to breathe (in)
humeur (f): mood
humilier: to humiliate
humoristique: funny, humorous
hurlement (m): scream, yell
hurler: to yell, to scream, to shout, to shriek
Huronne (f): Indian woman of Huron tribe
Hurons (m pl): small confederation of North American Indians; friendly to the French, enemies of the English; wars with the Iroquois over control of the fur trade reduced their numbers dramatically

I

icy: ici: here
ignorance (f): ignorance; lack of knowledge
ignorant: uninformed; stupid
ignorer: to not know, to be unaware of
il y a : there is, there are
  il y a ... (time): (time) ... ago

île (f): island, isle
  île d'Orléans: island in the St. Lawrence River, off Quebec City
illisible: illegible, unreadable
illuminé (m): visionary, foreseer
illuminer: to illuminate, to light up
image (f): image, likeness
  à l'image: like
imagé: full of imagery, vivid
imbécile: stupid
immeuble (m): (apartment) building
immeuble: fixed
imparfait: imperfect
impensable: unthinkable
impératif (m): reason
importe(importer): is important, matters
  n'importe où: anywhere
  n'importe quand: no matter when, at any time
  n'importe qui: just anybody, no matter who
imposant: demanding
imposer: to impose; to come up on; to force
s'imposer: to force oneself
imprécis: vague, indefinite
imprévu: unexpected, unforeseen
imprimer: to print
improviste: à l'improviste: unexpectedly
imprudent: foolhardy, rash
inaltérable: unvarying, unchanging
inanimé: inanimate
inassouvi: unappeased, unsatisfied
inattendu: unexpected
incarner: to embody
incendie (m): fire
incessant: unceasing
s'incliner: to bow; to accept
inconnu (m): stranger
inconnu: unknown
inconscience (f): irrationality
inconstant: inconsistent, fickle
incroyable: unbelievable
inculte: uncultivated, uncultured

indécis: unsettled; doubtful
indépendantiste: someone who is promoting political independance
indice (m): indication, sign, clue
indien: Indian
indigène (m, f): native
indigné: indignant
indiquer: to indicate
indolent: lazy
inégal: unequal
infamie (f): dishonour
infirme (m): cripple
infirmerie (f): infirmary, clinic
infirmier (m): (male) nurse
s'informer: to find out
ingéniosité (f): ingenuity, cleverness
ingrat: ungrateful
inhabitué: unaccustomed
injure (m): insult
inlassable: untiring; never ending
innommable: unnamable
inonder: to flood
inoubliable: unforgettable
inouï: unheard of, extraordinary
inquiet: worried
inquiéter: to trouble, to disturb
s'inquiéter: to worry
inquiétude (f): disquiet
inscription (f): enrollment, registration
inscrire: to register, to enroll
inscrit: enrolled
insensé: mad, insane
insolite: unusual
s'installer: to settle (down), to take place
instant (m): instant, moment
  à l'instant: instantly
  à l'instant même: at that very moment
instituteur (m): elementary school teacher
institutrice (f): elementary school teacher
instruire: to teach, to instruct; to inform; to educate
s'instruire: to educate oneself; to get an education

instruit: wise, learned, educated
intarissable: endless, tireless
intègre: honest, incorruptible
intensément: intensely
interdire: to forbid
interdit: taken aback
intéressant: interesting
s'intéresser (à): to be interested in
intérêt (m): interest, hobby
interpeller: to call (out) (upon), to hail
interprète (m) sur scène: performing artist
interpréter: to interpret, to make of
interrogateur: questioning
interrogatoire (m): questioning, interrogation
interrompre: to interrupt
intervention (f): operation
intimidé: intimidated
intransigeance (f): intolerance, strictness
intriguer: to puzzle; to intrigue
introduit: introduced
inutile: useless
inviter: to invite
ira (aller): will go
ironique: ironic(al)
Iroquois (m): North American Indians; friendly to the English, enemies of the French
irréalisable: unrealizable, impossible
irréparable: irreparable
irrévocablement: absolutely, irrevocably
irruption (f): irruption, invasion
faire irruption: to burst
isoler: to isolate
issu: (come) from
cousins issus de germains: second cousins
Italie (f): Italy
ivre: intoxicated, drunk
ivresse (f): drunkenness, grogginess
ivrogne: drunk

J

jaloux: jealous
Jamaïque (f): Jamaica
jamais: ever; never
à tout jamais: forever
ne ... jamais: never
plus que jamais: more than ever
jambe (f): leg
jardin (m): garden
jardin d'enfants: kindergarten
jarnigoine (f): brain (slang)
jaser: to chat, to gossip
jauger: to gauge, to measure
jaunir: to yellow
jet (m): throwing, throw
jeter: to throw, to cast
jeter des villages: to found, to put up villages
jeter un coup d'oeil: to glance
se jeter au cou: to hang on to someone's neck, to hug
jeu (m): play, sport, game
jeunesse (f): youth
joie (f): joy, delight
il ne se sent pas de joie: he is beside himself for joy
joignirent (joindre): joined
joindre: to join
joint: joined
joliment: quite, well
joue (f): cheek
jouer: to play
jouer à la scène: to produce or stage
jouer aux cachettes: to play hide-and-seek
faire jouer le loquet: to release the latch
jouir (de): to enjoy
jour (m): day
jour de l'an: New Year's Day
à coeur (m) de jour: in full daylight
mis à jour: brought to light
pointe (f) du jour: daybreak
journal (m): newspaper
journée (f): day
de la journée: all day long

jouvenceau (m): youth
joyeusement: joyously
joyeux: merry, joyous
judiciaire: legal, judiciary
casier (m) judiciaire: police record
juge (m): judge
jugement (m): judgment, trial
le jugement dernier: the Last Judgment
juger: to judge; to try
Juif (m): Jew
juif: Jewish
jument (f): mare
jupe (f): skirt
garder dans les jupes: to keep tied to apron strings
jurer: to swear
juron (m): curse, oath
jus (m): juice
jusqu'à: until, up to, to
jusque: until, up to
jusque-là: until then
juste (m): an honest man
pas le moindre petit juste: not a single honest man
juste: fair
justement: justly, fairly; it so happened
justesse (f): accuracy, exactness

K

Keats, John (1795-1821): British poet
kilo (m): kilogram

L

là: there
à quelques temps de là: sometime thereafter
ça et là: here and there
là-bas: over there
là-dedans: in it (all)
là-dessus: about it; thereupon
par là: like that
labour (m): ploughing
labourer: to plough
lac (m): lake
lâcher: to release, to let go; to

leave in the lurch
faire lâcher prise: to make
… let go
lacrymogène: tearful
laid: ugly
les neuf "laides": the ugly
"sisters"; the provinces
other than Quebec
laideur (f): ugliness
lainage (m): woollen article
de lainage: woollen
laine (f): wool
manger la laine sur le dos: to
fleece
laisser: to let, to allow
laisser faire: to let happen;
to have one's way
laisser tomber: to drop; to
remark
laissez donc!: let it be!
se laissant tomber: sinking
lait (m): milk
lame (f): blade; wave
lance (f): spear
lance-flammes (m):
flame thrower
lancer: to fling, to cast, to
throw
lancer un cri: to shout
se lancer: to rush, to plunge
langage (m): language
tint ce langage: spoke these
words
lange (m): baby's napkin,
diaper
langue (f): language; tongue
langue maternelle: mother
tongue
langueur (f): listlessness,
sadness
lapin (m): rabbit
compère Lapin: Mr. Rabbit
lard (m): bacon, back fat pork
large (m): open sea
large: wide
largeur (f): width, size
dans les grandes largeurs:
with force
larguer: to release, to cast off
larguer les amarres (f): to
cast off
larme (f): tear

verser des larmes: to shed
tears
larron (m): robber, thief; guy
lasser: to tire, to be weary
**Laval: Monseigneur de Laval
(1623-1708)**: first bishop of
Quebec
Lavaltrie: town outside
Montreal on the St.
Lawrence River
laver: to wash
s'en laver les mains: to leave
the problems behind
Le Havre: French port in
Normandy on the English
Channel
lécher: to lick
leçon (f): lesson
lecteur (m): reader
léger: light, slight
légèrement: lightly, gently
légitime: legitimate
légume (m): vegetable
lendemain (m): next day
lequel: who, whom, which
lettres (f pl): arts
lever: to lift up
se lever: to get up; to raise; to
clear up
lèvre (f): lip
libéré: liberated, free
libérer: to free
libertin: free-thinking,
licentious
libre: free
licence (f) ès lettres: university
arts degree, B.A.
lichette (f): bit (C)
lié: associated; tied
lien (m): tie, bond
lier: to bind, to fasten, to join;
to relate
lieu (m): place
au lieu de: instead of
avoir lieu: to take place
lieue (f): league (about 5 km)
à cent lieues: far from
ligne (f): line
limpide: limpid, clear
Lincoln, Abraham (1809-1865):
16th president of the
United States

linge (m): linen; calico;
washing; underwear
lire: to read
lisant (lire): reading
lisse: smooth, glossy
lit (m): bed
littéralement: literally
Little Rock: capital of the state
of Arkansas. In 1957 federal
troops were used to enforce
a Supreme Court ruling
against segregation in
schools.
livre (f): pound
livrer: to deliver; to launch; to
hand over, to surrender; to
liberate
se livrer: to surrender; to take
place; to take on
logement (m): lodging
loger: to live; to house
logique: logical
loi (f): law, rule
Loi du Barreau: Code of the
Bar
loin: far
du plus loin au plus loin: to
the remotest corners
le plus loin: the farthest
distance
lointain: distant
long (m): length
le long de: along (side)
de tout son long: full length
longer: to run, to go alongside,
to follow closely
**Longfellow, Henry Wadsworth
(1808-1882)**: an American
poet
longtemps: a long time
longuement: (for) a long time
longueur (f): length
loquet (m): latch
faire jouer le loquet: to
release the latch
lorsque: when, at the time
(moment)
loup (m): wolf
lourd: heavy
lourdeur (f): heaviness
loutre (f): otter
loyer (m): rent

luciole (f): glow-worm, firefly
lueur (f): glow, gleam
luisant: shiny, glossy
luit (luire): shines
lumière (f): light
lumineux: luminous, alight
lune (f): moon
  au clair de lune: in the moonlight
lunettes (f pl): glasses
luron (m): jolly chap
lutte (f): battle, fight
lutter: to wrestle, to fight

M

machination (f): plot, scheme
machiner: to scheme, to plot
magique: magical
magot (m): loot
maigre: meager, thin, small
main (f): hand
  prendre le courage à deux mains: to take one's courage in hand
  s'en laver les mains: to leave the problems behind
maint: many
maintenir: to maintain, to keep
maisonnée (f): family
maître (m): master; (elementary) school teacher; sir
maîtresse (f): (elementary) school teacher; mistress
maîtriser: to master
majestueux: majestic
mal (m): harm; trouble; aching
  faire (du) mal à: to hurt
mal: bad(ly)
  être mal: to be in dire straights, to be badly off
  mal à l'aise: uncomfortable, uneasy
  mal assuré: insecure
  mal en-dessous des cheveux: hangover
  mal en point: badly off; sick
  tant bien que mal: somehow or other
maladroit: clumsy, awkward
malchance (f): bad luck

mâle (m): male
malentendu (m): misunderstanding
malgré: in spite of
  malgré elle: against her will
malhabile: unpractised
malheur (m): misfortune, unhappiness
malheureusement: unfortunately
malheureux: unhappy
  malheureux comme les pierres: absolutely miserable
malin: sharp, intelligent, (sneakily) clever
malle (f): trunk, box
mallette (f): attaché case, suitcase
malveillant: malicious
manche (f): sleeve
  retrousser les manches: to roll up one's sleeves
manger: to eat
  manger la laine sur le dos: to fleece
manguier (m): mango tree
Manic (f): Manicouagan
Manicouagan (f): a river in northern Quebec on which a massive dam and hydro plant is located
manière (f): manner, way
  c'en fait une manière de se conduire!: what a way to behave!
se manifester: to reveal itself
manque (m): lack
manquer: to miss; to be missing, lacking
  il manquait à …: … was missing
  qui lui ont manqué: which he needed
mansarde (f): attic, garret
manteau (m): coat
marchand (m): shopkeeper, merchant
marche (f): step, stair; walk
  se mettre en marche: to start off, to move
marché (m): market;

contract, pact
  marché noir: the black market: illegal trade in goods whose supply is restricted
marcher: to walk; to function
mare (f): pond, pool
mari (m): husband
marié (m): bridegroom
mariée (f): bride
marier: to marry
marin (m): sailor, mariner
marotte (f): bauble, stick, cap; hobby
marque (f): mark, make
marquer: to record, to note
  marquer le temps: to mark time
marraine (f): godmother
Marseille: southern French port on the Mediterranean Sea
masse (f): mass
  en masse: together, in a mass
mât (m): mast
matelot (m): sailor
maternel(le): maternal
  langue (f) maternelle: mother tongue
maternelle (f): kindergarten
matraque (f): bludgeon, night stick
matraquer: to beat up, to get beaten up
maudire: to curse
maudissait (maudire): cursed
maudit (maudire): curses; cursed, damned
maugréer: to grumble
mauvais: evil, ill, bad
  mauvaise tête: wretch
  se faire du mauvais sang: to worry
maux (m pl): ills, evils
  maux sociaux: social evils
méandre (m): meander, bend, winding path
méchanceté (f): wickedness
méchant: wicked, mean
mèche (f): lock (of hair)
mécréant (m): disbeliever, wretch

médaille (f): medal
médecin (m): doctor
meilleur: better, best
mélancolie (f): sadness
  passer mélancolie: to feel
  sad
mélanger: to mix, to blend
se mélanger: to mix, to mingle
se mêler: to mix; to get mixed
  up in, to take a hand in
  ne te mêle pas de ça: mind
  your own business
  se mêler de politique: to
  dabble in politics
même: same; even; self
  à l'instant même: at that very
  instant
  à même: right
  du même coup: on the same
  occasion, at the same time
  même que: to such a point
  that
  moi-même: myself
  quand même: nevertheless
  tout de même: nevertheless
mémoire (f): memory
menacer: to threaten
ménager: to manage, to
  handle
ménager: of the household
mener: to lead
  mener à bien: to be
  successful
mensonge (m): lie
menthe (f): mint
mentionner: to mention
mentir: to lie
menton (m): chin
menu: small
mépriser: to despise, to scorn
mer (f): sea
  le bord de la mer: seaside
merci (f): favour; mercy
mercure (m): mercury
  filet (m) de mercure: thin
  line of mercury
merde (f): muck
Mère (f): mother superior of a
  convent
mériter: to deserve
merle (m): blackbird
merveille (f): marvel, wonder

merveilleux: marvelous,
  wonderful
mésaventure (f): misadventure
messieurs (m pl): sirs,
  gentlemen
mesure (m): measure
  à mesure que: as
  fait sur mesure: made to
  measure
méthodique: methodical
métier (m): profession, trade,
  job
mets (m): dish
metteur en scène (m): (film)
  producer, director
mettre: to put
  cesser d'en mettre: to stop
  piling it on
  mettre à jour: to uncover
  mettre au courant: to inform
  mettre dehors: to make go
  away; to put out
  mettre en doute: to doubt
  mettre le comble à tout: to
  top it all
  mettre pied: to set foot
  mettre sur le dos: to blame,
  to accuse
  se mettre à: to begin
  se mettre en marche: to start
  off, to move
meuble (m): piece of furniture
meule (f): grindstone
meurs (mourir): die
le Midi: the south of France
mie: amie (f): friend, darling
miel (m): honey
mien(ne): mine
mieux: better
  aimer mieux: to prefer
  eût mieux valu: would have
  been better
  faire de son mieux: to do
  one's best
  le mieux: the best
  **le mieux est l'ennemi de
  bien**: let well enough alone
  mieux vaudrait: it would be
  better
  tant mieux: so much the
  better
  valoir mieux: to be better

milieu (m): middle
  au milieu de: in the middle
  of, amid
militaire (m): soldier
mille (m): mile; thousand
millier (m): (about a)
  thousand
Milton, John (1608-1674):
  English poet and prose
  writer
mimer: to imitate
mince: thin, slim, slender
mine (f): look
  faire mine de: to make look
  as if
ministre (m): Minister
  Premier ministre: Prime
  Minister
minuscule: small, tiny
mi-octobre (f): mid-October
mi-pente: halfway up or down
  a hill
mirer: to aim at
miroir (m): mirror
miroiter: to flash, to gleam
mis (mettre): put
  mis à jour: brought to light
mise (f): placing
  mise en scène: setting,
  staging
misérablement: miserably
misère (f): misery,
  unhappiness, poverty
missive (f): letter; missive
mit (mettre): put
  se mit à: began to
mitaine (f): mitten
mitraillette (f): machine gun
mixte: mixed, joint
mobiliser: to mobilize
moé: I, me
moeurs (f pl): customs, habits
moi: me, I
  moi-même: myself
  moi si: but I have
moindre: less, least, smallest
  pas le moindre petit juste:
  not a single honest man
moine (m): monk
moins (m): least; less
  à moins de: unless
  au moins: at least

du moins: at any rate

mois (m): month

moissonner: to harvest

    moissonner à pleine faux: to have a good harvest

moissonneuse (f): reaping machine

moitié (f): half

molle (mou): soft

mollement: softly, gently, weakly

monastique: monastic, religious

mondain: worldly

monde (m): world

    le Nouveau Monde: New World (Canada)

monnaie (f): money, change

monopole (m): monopoly

monotone: boring

monseigneur (m): monsignor, bishop

monstrueux: huge, monstrous

Mont Royal: Mount Royal (former name for Montreal)

montagne (f): mountain

montagneux: mountainous

monter: to go up, to come up; to stage; to start; to reach; to mount; to establish

    monter à: to attain

montre (f): watch

montrer: to show

se moquer: to mock, to make fun

morceau (m): piece

mordre: to bite

    mordre des pierres: to bite off too much

mordu (mordre): bitten

moribond: dying

morne (m): small mountain

morne: sombre, dull, gloomy

mort (mourir): died

mort (f): death

    mort dans l'âme: sadness

morte (f): dead woman

morue (f): cod

mot (m): word

motif (m): reason, motive, intention

moucharder: to squeal; to spy on

mouche (f): fly

    mouche à feu: firefly

se moucher: to wipe, to blow one's nose

mouchoir (m): handkerchief

mouillé: moist, damp, wet

mouiller: to wet

moule (m): mould, cast

moulé: moulded

    lettres (f) moulées: block letters

mourir: to die

mourra (mourir): will die

mousquet (m): musket

mousser: to sparkle; to foam

mouton (m): sheep

    gant (m) de mouton: sheepskin glove

mouvant: moving, mobile

moyen: medium, average

Moyen Age (m): the Middle Ages: period in Western European history between the disintegration of the Roman Empire in the 4th and 5th centuries and the period of Renaissance, beginning in the 15th century

moyenner: to compromise; to average

moyens (m pl): means

mugir: to bellow, to howl

multiplier: to multiply

muni: furnished, equipped

mur (m): wall

    au pied du mur: with one's back against the wall

mûr: ripe

muraille (f): high defensive wall

musclé: muscled

museau (m): muzzle, snout, face

musée (m): museum

mystère (m): mystery

N

nager: to swim

naguère: not so long ago

naissaient (naître): were born

naissait (naître): was born

naissance (f): birth

naisse (naître): is, was born

naître: to be born

nappe (f): tablecloth

narine (f): nostril

naseau (m): nostril (of horse)

natal: native, of birth

natif: native

natte (f): braid

navette (f): shuttle

    faire la navette: to commute, to go back and forth

    navette à tissage: weaving shuttle

navire (m): ship, vessel, boat

né (naître): born

néanmoins: nevertheless

négliger: to neglect

négociant (m): merchant

nègre: black, Negro

négritude (f): black culture

négroïde: negroid, part Negro

neige (f): snow

neiger: to snow

neigeux: snowy

Nelligan, Emile (1882-1941): French-Canadian poet born in Montreal

nervosité (f): nervousness

net: clean, plain, clear; outright, absolute

    avoir le coeur net: to find out, to clear up

nettement: nicely; clearly

neuf: new; nine

névrose (f): neurosis

nez (m): nose

    au nez vif: with a sharp nose

ni: nor

niche (f): doghouse; nook

nid (m): nest

nier: to deny

nigaud (m): simpleton, idiot

n'importe où: anywhere (at all)

n'importe quand: no matter when

n'importe qui: just anybody

niveau (m): level, standard

Nobel: Le prix Nobel: Alfred Nobel (1833-1896) a

Swedish chemist, engineer and industrialist, invented dynamite in 1866. With the immense fortune he made from the manufacture of explosives, he founded the Nobel Prizes for outstanding achievement in various fields of endeavour.

noce (f): wedding
  cadeau (m) de noce: wedding present
  faire des noces: to celebrate a wedding
  robe (f) de noces: wedding gown
noceur (m): wedding guest
noir: black; dark; husky; dirty
  marché (m) noir: black market
  voix (f) noire: sombre voice
nom (m): name; noun
nomade: nomadic, wandering
nomades (m, f pl): wandering tribes, nomads
nombre (m): number
nombreux: numerous
nommer: to name
nommeray: nommerai: I will name
nonchalamment: calmly; nonchalantly
nord (m): north
  Amérique (f) du Nord: North America
normal: école (f) normale: teachers' college
Norvège (f): Norway
nostalgie (f): homesickness; desire to be home
Notre-Dame: cathedral in Montreal
nôtres (m pl): our people
nouer: to tie, to knot
  sa gorge se nouer: to have a lump in one's throat
nourrir: to feed, to nourish
nourriture (f): food
nouveau: new
  de nouveau: again
  Nouveau Monde (m): New World (Canada)

nouvelle (f): short story; news
  Nouvelle-Ecosse (f): Nova Scotia
  Nouvelle-France (f): French colony in North America corresponding roughly to Quebec, Ontario and the Maritime provinces. It extended, at one time, as far south as Louisiana.
nouvelliste (m, f): short story writer
se noyer: to drown
nu: naked, uncovered
  pieds (m) nus: barefoot
nuage (m): cloud
nubile: marriageable
nue (f): high cloud
nuée (f): (storm) cloud
nuire: to harm
nuit (f): night
  au fort de la nuit: in the middle of the night
nul: not one, no
nuque (f): nape of the neck

O

obéir: to obey
obéissance (f): obedience
obéissant: obedient
objecter: to object, to question
obliger: to oblige, to compel
obliquer: to slant, to tilt
obséder: to worry, to be obsessed
obtenir: to obtain, to get
occasion (f): d'occasion: second hand; accidental
occasionner: to cause
occupé: busy
s'occuper: to look after, to take care of
octobre (m): October
  mi-octobre (f): mid-October
odeur (f): odour, scent
odieuse (odieux): hateful, awful
oeil (m): eye
  coup (m) d'oeil: glance
  jeter un coup d'oeil: to glance

  tourner de l'oeil: to die
oeuf (m): egg
oeuvre (f): work (art), (literature)
offert (offrir): offered, given
office (m): (religious) service
offre (m): service, offer
offrir: to offer
oiseau (m): bird
oisif: idle
oisiveté (f): idleness
ombre (f): shadow
ongle (m): (finger)nail
onomatopée (f): onomatopoeia
opérer: to operate
opposer: to oppose, to divide
or (m): gold
or: now
orage (m): storm
orageux(euse): stormy, tempestuous
oraison (f): prayer
  faire ses oraisons: to pray
ordinaire: vulgar, common
ordonné: orderly
ordonner: to order
ordre (m): order
  agent (m) de l'ordre: police officer
oreille (f): ear
  dur d'oreille: hard of hearing
  prêter l'oreille: to listen attentively
  tendre l'oreille: to listen closely
  tout oreille: all ears
oreiller (m): pillow
orgueil (m): pride, vanity, conceit
  avec orgueil: proudly
orphelin(e) (m, f): orphan
oser: to dare, to venture
ôter: to remove, to take off
où: where
  n'importe où: anywhere (at all)
ou ... ou: either ... or
oubli (m): forgetfulness
oublier: to forget
ouest (m): west
ouf: Phew!
  sans avoir eu l'temps d'faire

ouf: in the blink of an eye

Outaouais (m): Ottawa River

outil (m): tool

ouvert (ouvrir): open(ed)

ouverture (f): opening, gateway

ouvrage (m): work, task

 boîte (f) à ouvrage: sewing basket

ouvrier (m): worker

ouvrir: to open

P

pacha (m): pasha, sheik

pacifique: calm, peaceable

pacte (m): agreement

paille (f): straw

pain (m): bread

pair: equal

paire (f): pair

paisible: peaceful, calm

paix (f): peace

palabre (f): discussion

palais (m): palace

palissade (f): fence

palme (f): palm (tree); foliage

pâlotte: pale, sickly looking

Pangloss: philosopher friend of Candide, one of the major characters of 18th Century French writer, Voltaire

pantelant: panting

papier (m): paper

 je vous en passe un papier: let me tell you

papillon (m): butterfly

Pâques (f pl): Easter

paquet (m): parcel, package

par: by

 par là: that way

 par la fenêtre: out of the window

 par terre: on the ground

 un par soir: one a night

para (parer) au plus pressé: looked after the most urgent

Paradise Lost: epic poem (1667) in blank verse by John Milton that tells the story of Satan's rebellion against God, and of the Fall of Man

paraissent (paraître): appear

paraître: to appear, to seem

paravent (m): wind screen

par-dessus: over, top of

pardonner: to forgive

pare-choc(s) (m): fender, bumper

pareil: alike, like, the same

 une chose pareille: such a thing

parent (m): relative

parer: to look after

 para au plus pressé: looked after the most urgent

se parer: to dress

parfait: perfect

parfois: sometimes, occasionally

parfum (m): perfume, odour

parfumé: scented

Paris: capital of France

parité (f): parity

parlement (m): parliament

parler: to speak

 parler bas: to whisper

parler (m): sayings, chatting; manner of speaking

parloir (m): parlour, visiting room

parlure (f): language

parmi: amongst

paroisse (f): parish

paroissien (m): parishioner

parole (f): utterance, remark; word

 bloquer la parole: to be speechless

 sans parole: speechless

part: à part: except

partager: to share, to divide

partant: departing, leaving

parti (m): (political) party

partie (f): part; match, game

partir: to leave

 à partir de: starting with, from, by

partout: everywhere

 il pisse le sang de partout: his blood is pouring from everywhere

paru(t) (paraître): appeared

parvenir: to reach, to arrive at

parvint (parvenir): reached

pas (m): step; threshold

 au pas: at a walking pace

 bruit (m) de pas: footstep

 pas à pas: step by step

 presser le pas: to hurry

pas: not

 pas du tout: not at all

 pas encore: not yet

 pas grand'chose: nothing much

passant (m): passer-by

passé (m): past

passer: to pass; to spend

 je vous en passe un papier: let me tell you

 passer à côté: to move over

 passer mélancolie: to feel sad

se passer: to happen; to go by (time); to take place

passerelle (f): footbridge, gangplank

passionner: to be passionately interested in

patagon: Patagonian

 écu (m) patagon: Patagonian coin

pâte (f): paste; pie; dough

 pâte à crêpe: pancake dough

 pâte de fruits: fruity paste

patibulaire: sinister

patienter: to exercise patience

patois (m): provincial dialect; jargon

patrie (f): homeland

patron (m): master, boss, chief

patrouiller: to patrol

pâturage (m): grazing; pasture

paume (f): palm (hand)

paupière (f): eyelid

pauvre: poor

pauvreté (f): poverty

pavé (m): pavement

payer: to pay

pays (m): country

paysage (m): landscape; scenery

paysan (m): farmer

Pearson, Lester (1897-1972):

Prime Minister of Canada from 1963 to 1968; awarded the 1957 Nobel Peace Prize for his part in the Middle East peace agreement

peau (f): skin

  heureux dans sa peau: happy as he is

pêche (f): fishing

pêcher: to fish

pêcher (m): peach tree

se peigner: to comb one's hair

peignoir (m): housecoat

peindre: to paint

peine (f): difficulty, trouble; punishment, penalty; pain, grief, suffering

  à peine: hardly, just

  à peine dessiné: hardly showing

  deux sous de peine: a second's trouble

  donner la peine: to take the trouble

  fasse tant de peine: causes so much trouble

  valoir la peine: to be worthwhile

peiner: to hurt, to pain, to grieve

peint (peindre): painted; paints

peinture (f): painting; paint

pèlerinage (m): pilgrimage

pemmican (m): food of North American Indians made by drying and mashing lean meat, then mixing it to a paste made with fat and berries

penchant (m): inclination

penché: leaning, bending over

pencher: to lean

se pencher: to bend down

pendant (pendre): floppy, hanging loose

pendant: while, during

pendre: to hang

pénétrer: to penetrate

pénible: painful, difficult

péniblement: laboriously, with difficulty, with an effort

pénombre (f): semi-darkness, half-light

pensée (f): thought

penser: to think

pensif: thoughtful

pension (f): income; pension

pensionnaire (m, f): boarder

pensionnat (m): convent; boarding school

pente (f): slope, incline

  mi-pente: halfway up or down a hill

pépère (m): old fellow, guy

perçant: piercing, penetrating

perche (f): pole

percher: to perch, to roost

perdre: to lose

  perdre connaissance: to pass out

perdu: bewildered

  perdu aux as: truly lost

permettre: to allow, to permit

permis (permettre): allowed

permuté: transferred

pérorer: to hold forth, to spout

perplexité (f): puzzlement, perplexity

perron (m): (front) steps

  perron de la messe: church steps

  perron de la porte: front porch

perroquet (m): parrot

personnage (m): character; person, individual

personne (f): person

  ne ... personne: no one

personnifier: to personify

perte (f): loss

  à perte d'âme: with the loss of one's soul

peser: to weigh; to rest on

peste (f): plague

pétard (m): fireworks; detonator; blast

péter: to explode, to burst

petit: small

  pas le moindre petit juste: not a single honest man

  petit déjeuner (m): breakfast

  petit-fils (m): grandson

  tout-petit (m): very young child

pétrir: to knead (dough)

peu (m): little; few

  à peu près: about, approximately, almost

  un peu: a little

peuple (m): people, nation

  peuple-concierge (m): race of caretakers

peur (f): fear, dread

  avoir peur: to be afraid

  faire peur: to frighten

peureux: timid, nervous

peut-être: maybe, perhaps

pharmacie (f): drugstore

  relent (m) de pharmacie: smell of medicine

phénix (m): phoenix; a rare bird indeed

phrase (f): sentence

piaillerie (f): continuous squealing (of children)

piastre (f): dollar (C)

pièce (f): coin; play; room

pied (m): foot

  aller à pied: to walk

  au pied du mur: with one's back against the wall

  coup (m) de pied: kick

  mettre pied: to set foot

  pieds nus: barefoot

  pointe (f) des pieds: on tiptoe

pierre (f): stone

  d'une pierre faire deux coups: kill two birds with one stone

  malheureux comme les pierres: absolutely miserable

  mordre des pierres: to bite off too much

  pierre d'évêque: bishop's ring

pige (f): à la pige: freelance

pilule (f): pill

  dorer la pilule: to sugar-coat the pill

pin (m): pine tree, fir tree

pince (f): grip, hold

pincée (f): pinch

pincer: to pinch

piquer: to prick; to quilt; to needle

  corps (m) piqué: quilted bodice

piquer une tête: to fall headlong
pire: worse
le pire: the worst
pirouetter: to dance, to turn
pis: worse, worst
tant pis: too bad
pisser: to emit
il pisse le sang de partout: his blood is pouring from everywhere
piste (f): trail
piteusement: pitifully
piteux: piteous, woeful
pitoyable: pitiful
pittoresque: colourful, picturesque
place (f): place, space
faire place à: to give way to
placide: calm, quiet, peaceful
plafond (m): ceiling
plaider: to plead
plaignez (se plaindre): complain
plain-chant (m): plain song
plaindre: to pity
se plaindre: to complain
plaine (f): plain
plainte (f): complaint, sad song, lament
plaire: to please
plaisanterie (f): joke
plaisir (m): pleasure, treat
faire plaisir à: to please
plaît (plaire): pleases
s'il (te) (vous) plaît: please
plan (m): plan; point of view; map
planche (f): plank
planches (f pl): deck (of ship)
planter: to set up, to plant, to place
plaquer: to flatten, to smash, to smooth
plat (m): dish
plat: flat, dull
à plat ventre: lying on one's stomach
farce (f) plate: empty joke
plateau (m): tray
plein: full
en plein: in the middle of

engranger à plein fenil: to fill one's barn
la cour est pleine: you've made your point
moissonner à pleine faux: to have a good harvest
plein à craquer: jammed full
plein le dos: fed up, enough
pleur (m): lament
pleurer: to cry, to weep; to regret
pleurnicher: to whimper
pleurnicheur (m): whimperer
pleurs (m pl): tears
pleuvoir: to rain
plier: to fold
plonger: to plunge, to dip, to dive into
plu (plaire): pleased
plu (pleuvoir): rained
pluie (f): rain
plumage (m): plumage, feathers
plume (f): feather; pen
plupart (f): majority
plus: more, most
au plus fort: at the height
au plus vite: as soon as possible
de plus: more, additional
de plus belle: better than ever
de plus en plus: more and more
en plus: in addition to
il ne faut plus: there's no point
le plus de fil à retordre: the most trouble
le plus loin: the farthest distance
le plus pressé: the most urgent
ne ... plus: no more, no longer
non plus: neither
para au plus pressé: looked after the most urgent
plus de: no more
plus grand'chose: not much
plus ... plus: the more ... the more
plus que jamais: more

presser le plus: to be the most important
plusieurs: several
plut (plaire): pleased
plutôt: rather; sooner
poche (f): pocket
poêle (f): frying pan
poêle (m): stove
poésie (f): poetry
poète (m): poet
poétesse (f): poetess
poids (m): weight, heaviness
poignée (f): handful; handshake; doorknob
poignet (m): wrist
poil (m): hair; beard
poing (m): fist
poings serrés: clenched fists
point (m): point
être à point: to be just right
mal en point: badly off; sick
point final: no discussion
sur le point de: about to
ne ... point: no, not
pointe (f): (sharp) point
Pointe-Aux-Trembles: town near Montreal
pointe de flèche: arrowhead
pointe des pieds: on tiptoe
pointe du jour: daybreak
pointer: to thrust, to point
pointu: sharp; pointed
avoir les dents pointues: to be greedy
poitrine (f): chest
poli: polite
policier (m): policeman; detective
poliment: politely
politique (f): politics
politique: political
polluer: to pollute
pomme (f): apple
pommier (m): apple tree
pomper: to pump out
pompette: tipsy, drunk
pompier (m): firefighter
voiture (f) de pompier: fire engine
pondération (f): moderation, calm
pondéré: cool, level-headed
pont (m): bridge, deck

porc (m): pig
Port-au-Prince: capital of Haiti
portée (f): reach, range
  à la portée: within range
  à portée de voix: within call
portefeuille (m): wallet
porte-plume (m): penholder
porter: to carry; to wear
portière (f): car door
poser: to put, to place; to play; to lay
positif: positive
  esprit (m) positif: positive thinker
posséder: to own, to have
poste (m): post; station; position
potager (m): vegetable, herb garden
Potomac (m): river in the eastern U.S.A., on which Washington, D.C., is located
pouce (m): inch
poudre (f): powder
  baril (m) de poudre: powder keg
poule (f): hen, chicken
poulet (m): chicken
poumon (m): lung
poupée (f): doll
pour: for, in order to; as for
  pour cent (m): percent
  pour que: so that
pourcentage (m): percent
pourlécher: to lick
  se pourlécher les babines: to lick one's chops
pourrir: to rot, to decay, to spoil
poursuivant: following, continuing
poursuivre: to pursue
pourtant: nevertheless, however, yet, though
poussée (f): pressure; pushing
pousser: to push, to shove, to thrust; to utter; to grow; to cause
  pousser un soupir: to utter a sigh
poussière (f): dust
poutre (f): beam
pouvoir: to be able to
pouvoir (m): power

pratique (f): practice
pratique: practical
pré (m): meadow
précédent: preceding
précepteur (m): (private) teacher
prêcheur (m): preacher
se précipiter: to dash, to hurry, to rush
préciser: to explain
préfecture (f): police headquarters
préféré: favourite
premier: first
  Premier ministre (m): Prime Minister
prendre: to take
  on ne l'y prendra plus: he won't be caught again
  prendre au sérieux: to take seriously
  prendre du bon temps: to do as one likes
  prendre le courage à deux mains: to take one's courage in hand
  prendre les devants sur: to take advantage of
  prendre un coup: to have a drink
près: close
  à peu près: about, approximately, almost
présage (m): omen
presbytère (m): rectory (of church)
présente (f): letter
présenter: to present, to introduce
se présenter: to appear
presque: almost
pressé: in a hurry
  para au plus pressé: looked after the most urgent
  le plus pressé: the most urgent
pressentiment (m): foreboding
presser: to press; to hurry; to push
  presser le pas: to hurry
  presser le plus: to be the most urgent
prestesse (f): quickness,

alertness, nimbleness
prétendre: to claim, to declare
prétention (f): (false) intent
prêter: to lend
  prêter l'oreille: to listen attentively
prétexter: to pretend, to give an excuse
prêtrise (f): priesthood
preuve (f): proof
prévenir: to notify; to warn; to prevent; to foresee
prévision (f): forecast
  en prévision: in anticipation
prévoir: to foresee; to plan
prévu (prévoir): foreseen, planned
prier: to ask; to pray; to beg
  je (vous) (t') en prie: I beg of you; you are welcome
prière (f): prayer
prince (m): prince
  Prince des Ténèbres: the Devil, Prince of Darkness
principe (m): principle
prins (prendre) alliance: met, made acquaintance
printemps (m): spring
pris (prendre): taken
prisonnier (m): prisoner
  se constituer prisonnier: to give oneself up
se priver de: to do without, to abstain
prix (m): price; prize
probablement: probably
procéder: to proceed
procès (m): trial
prochain: next
proche: near
procurer: to obtain, to get
produire: to produce
se produire: to take place
produit (m): product
profil (m): profile; outline; section
profiter de: to take advantage of
profond: deep
proie (f): prey, booty
projet (m): project, plan
prolonger: to extend
promenade (f): walk
se promener: to go for a walk

promesse (f): promise
promettre: to promise
propice: favourable
propos (m): word, talk
  à propos: in order; by the way
  propos grivois: suggestive remark
  semblant (m) d'à-propos: semblance of suitability
proposer: to offer
propre: clean, neat; own
propriété (f): ownership
prospère: thriving
prospérer: to be successful
protagoniste (m): protagonist, main character
protectrice (protecteur): protective
protéger: to protect
provenir: to result, to arise
provoquer: to provoke
prudencialiste: cautious
prunelle (f): pupil (of the eye); apple (of the eye)
psychiatre (m): psychiatrist
puis (pouvoir): can
puis: then
puiser: to draw water, to draw coal
puisque: since
puissance (f): power
puissant: powerful
puisse (pouvoir): can
puits (m): well, hole
pupille (m, f): orphan; (f) pupil (eye)
pupitre (m): desk

Q

quadrature (f): squaring
quadrille (m): square dance
quai (m): wharf, pier
qualifié de: called, fixed up
quand: when
  depuis quand: for how long
  quand même: nevertheless
quant à: with respect to, with regard to, as for
Quarante Heures: days of prayer when the faithful thank their Creator and ask His pardon

quart (m): quarter, fourth (part)
quartier (m): neighbourhood, suburb
quasiment: almost
que: what; that; whom
  n'ont que trop travaillé: have worked too much
  ne ... que: only
Québec (m): Quebec
Québécois (m): Quebecker
québécois: (of) Quebec
quel: what; which
  quel qu'il soit: whoever he may be
quelque: some
  à quelque temps de là: sometime thereafter
quelquefois: sometimes
quelques-uns: some
querelle (f): quarrel, dispute
se quereller: to quarrel, to dispute
question (f): question
  il est question de: it's a question of; the one in question is
queue (f): tail
quitté: taken off
quitter: to quit; to leave; to put down
quoi: what
  de quoi: something with which
  quoi que: whatever
  sur quoi: upon which
quoique: although

R

rabelaisien: lewd, risky
raccrocher: to hang up (telephone)
racine (f): root
raconter: to tell
rafale (f): gunfire
rafraîchir: to refresh
rage (f): madness
raide: stiff; steep
raidillon (m): abrupt path, steep rise
raidir: to tighten, to stiffen
raison (f): reason

donner raison: to declare; to agree
raisonnement (m): reasoning
raisonner: to reason
  avoir beau raisonner: to reason in vain
râleur (m): grumbler
rallumer: to rekindle, to relight
ramage (m): song; design
ramasser: to pick up
rame (f): stick; oar
  suivre à la rame: to row after
ramener: to bring back; to take (back)
Ramezay: Château de Ramezay: historical house in Montreal, now a museum
rancune (f): malice, grudge
rancunier: spiteful
rang (m): row; rank; station; role; concession road
rangée (f): row
ranger: to arrange, to tidy; to put back; to line up
se ranger: to line up
rapatrier: to bring home
rappel (m): recall, memory
rappeler: to recall; to tell
se rappeler: to remember
rapport (m): relationship
rapporter: to bring back, to bring in
se rapporter: to refer; to resemble, to match, to correspond
raquette (f): snowshoe
rarement: rarely
se raser: to shave
rassurer: to reassure
rat (m): rat
rate (f): spleen
rater: to miss
ratine (f): woollen material
rattraper: to make up for; to catch
rauque: rough, harsh
ravi: delighted
ravigoter: to refresh; to revive
se raviser: to change one's mind
ravitaillement (m): provisioning

ravitailler: to provision
raviver: to revive, to brighten up
rayer: to scratch, to cut off
rayon (m): ray
réagir: to react
réalisateur (m): producer
réaliser: to make real; to realize
rebelle: rebellious
rebord (m): edge, border
récemment: recently
recette (f): recipe; receipt
recevoir: to receive; to entertain
réchauffer: to (re)heat, to warm up
se réchauffer: to get warm
recherche (f): search, research, quest
à la recherche de: to look for
rechercher: to look for
être recherché: to be wanted (by police)
récipiendaire (m): recipient
récipient (m): container
récit (m): narration, account, story
récitant (m): narrator
réclamer: to claim; to demand back
recoiffer: to arrange one's hair again
recoin (m): nook, recess
reçoit (recevoir): receives
en reçoit: reacts
récolte (f): harvest(ing)
récolter: to harvest
récompense (f): reward
reconduire: to take back
reconnaissance (f): gratitude
reconnaissant: grateful
reconnaître: to recognize
reconnu: admitted; recognized
recoucher: to go to bed (again)
recouvrir: to cover up (again)
recréer: to re-create
récrier: to exclaim, to cry out
recroqueviller: to curl up
recueil (m): collection
recueillir: to collect, to gather, to take in
recuit: tanned over and over

reculer: to step back, to back away
rédacteur (m): editor
redoubler: to increase
redoutable: dangerous, fearful, dreadful
redouter: to dread, to fear
redresser: to erect again, to set upright again, to lift up
reel (m): a folk dance
réel (m): reality
refermer: to close again
réfléchir: to reflect, to ponder, to think
reflet (m): reflection
refléter: to reflect
réflexion (f): thought, thinking
réformette (f): (minor) reform
refroidir: to cool, to chill
se réfugier: to take refuge, to flee
regagner: to return to; to regain; to arrive at
regard (m): look, glance
fin regard: shrewd glance
regarder: to watch, to look at
regarder en face: to look directly at
regarder fixement: to stare
regelé: frozen up again
règle (f): rule; ruler
régler: to settle
réglisse (f): licorice
règne (m): reign
régner: to dominate, to reign, to rule
regretter: to regret, to be sorry
régulier: regular
rein (m): kidney
casser les reins: to ruin, to break one's back
réintégrer: to reinstate (someone), to resume
rejoignaient (rejoindre): joined, met
rejoindre: to join, to meet
réjouir: to delight, to amuse
se réjouir: to rejoice, to welcome
relayer: to take turns
relent (m): unpleasant smell, taste
relent de pharmacie: smell of medicine

relever: to lift again, to pick up
se relever: to get up (again)
religieuse (f): nun, religious sister
religieux (m): man of the cloth, monk, priest
les religieux: clergy
remarquer: to notice, to remark
rembourrer: to stuff, to pad
rembourreur (m): upholsterer
remercier: to thank
remettre: to put off, to postpone; to replace, to give (back), to put back on
remettre d'aplomb: to put back on one's feet
se remettre: to recover, to begin again
s'en remettre: to rely on; to recover
remit (remettre): replaced
remonter: to go (up) (back); to bring up (again)
remous (m): eddy (water), wash (ship)
remplacer: to replace
se remplacer: to succeed each other
remplir: to fill
remporter: to carry, to take; to earn, to win
remuer: to move, to stir
renard (m): fox
rencogner: to crouch
rencontre (f): meeting, encounter
à notre rencontre: to meet us
rencontrer: to meet
rendez-vous (m): date; appointment
rendre: to give back; to make; to turn; to do
rendre service: to do a favour
se rendre: to go, to arrive
se rendre compte: to realize
renforcer: to reinforce
reniflement (m): sniffing
renifler: to sniff, to snort
renoncer: to renounce, to give up

renseignements (m pl): information

renseigner: to inform

se renseigner: to find out

rentier (m): pensioner

rentrée (f): beginning of school

rentrer: to come home, to go home, to return

renverser: to turn over, to upset

renvoyer: to send back

réparation (f): atonement; amends

repartir: to leave again

répartir: to distribute; to divide

repas (m): meal

repasser: to go over, to review, to pass by again

Repentigny: town near Montreal

se repentir: to repent

répéter: to repeat

répit (m): breathing space

sans répit: without stopping

repliement (m): folding up; withdrawal

replier: to refold, to fold again

réplique (f): answer

répliquer: to retort, to answer

répondre: to answer

réponse (f): answer

se reporter: to refer

repos (m): rest

se reposer: to rest

repousser: to push back

reprendre: to resume; to take (back) (up); to answer

reprendre le dessus: to regain the upper hand

réprimer: to suppress

repris (reprendre): retaken, taken up again, regained

reprocher: to blame

repu: filled, full

réserver: to have in store

résigné: resigned, passive

se résigner: to resign oneself, to submit

résolu (résoudre): solved

résolument: determinedly, heartily

résonnant: resounding, sonorous

résonner: to echo, to resound

résoudre: to resolve

se résoudre: to bring oneself to

respiration (f): breathing

respirer: to breathe

ressembler: to look alike, to be similar

ressentir: to feel

resservir: to serve again

ressort (m): spring

ressortir: to come, to bring out again

faire ressortir: to highlight

rester: to stay, to remain

il reste: there is … left, there remains

résumer: to sum up

retard (m): delay

corriger son retard: to catch up on

être en retard: to be late

retenir: to hold back, to retain

retirer: to take out, to withdraw

se retirer: to withdraw; to retire; to go

retomber: to fall down (again)

retordre: to twist

donner du fil à retordre: to make trouble

le plus de fil à retordre: the most trouble

retouche (f): touching up; alteration

retour (m): return

être de retour: to be back

retourner: to turn over; to go back

se retourner: to turn around

s'en retourner: to go back

retraite (f): retirement; retreat

retrousser: to turn up, to roll up

retrousser les manches (f): to roll up one's sleeves

retrouver: to find again; to find out again; to take up again

réussir: to succeed, to turn out well

rêve (m): dream

réveil (m): waking, awakening

dès le réveil: upon awakening

réveiller: to awaken; to wake up

réveillon (m): New Year's Eve supper or Christmas Eve supper

révéler: to reveal, to indicate

revenir: to come back, to return

rêve (m): dream

rêver: to dream

révérence (f): curtsy, bow

revers (m): reverse (side)

revers du col: lapel

rêveur (m): dreamer

reviendrai (revenir): will come back

revint (revenir): came back

revis (revoir): saw again

revoir: to see again

révolte (f): rebellion

revue (f): magazine; review

révulser: to repell

rhabiller: to dress again

se rhabiller: to get dressed again

rhétorique (f): rhetoric, fancy talk

rhum (m): rum

Richard, Maurice (1921–   ): one of the all-time great hockey stars for the Montreal Canadiens

ride (f): wrinkle

rien (m): nothing

de rien: no good

fille (f) de rien: girl with nothing

ne … rien: nothing

ne … rien à voir: to have nothing to do

rien de rien: absolutely nothing

rien ne donne: it's no good

rigaudon (m): a folk dance

rime (f): rhyme

rimer: to rhyme

rire: to laugh

rire dans sa barbe: to laugh up one's sleeve

se rire de: to laugh at

rire (m): laugh
  éclat (m) de rire: burst of laughter
  éclater de rire: to burst out laughing
rite (m): rite, ceremony, ritual
rivaliser: to compete
rive (f): shore, bank
rivière (f): river
robe (f): dress
  robe de noces: wedding gown
robinet (m): tap, faucet
roche (f): rock, boulder
rocher (m): rock, crag
rocheux: rocky, stony
rôder: to prowl
roi (m): king
  vivre en roi: to live like a king
roman (m): novel
romancier (m): novelist
romancière (f): novelist
romanesque: romantic
rompre: to break
rond: round
  tourner en rond: to walk around
ronde (f): round
  à la ronde: around
ronger: to gnaw, to nibble
  ronger son frein: to champ at the bit
ronronner: to purr
rose (f): rose
  à l'eau de rose: like rose water
rose: rosy, pink
rôti (m): roasted meat, roast
  tomber rôti dans le bec: to come easy, without effort
rôtir: to roast
rôtisserie (f): shop or restaurant specializing in roast meats
rôtisseur (m): owner of a shop or restaurant specializing in roast meats
Roubais: town in northern France
Rouen: port in the north of France on the river Seine
rougir: to blush, to turn red
rouillé: rusted

roulement (m): roll
  roulement de tambour: drum roll
rouler: to roll
route (f): road, way
  bout (m) de route: part of the way
rouvrir: to reopen
roy: roi (m): king
ruban (m): tape
rude: uncouth; hard; rough
rue (f): street
ruelle (f): side street
ruer: to kick, to fling, to lash out
se ruer: to rush
rugir: to bellow, to shout, to roar
ruiner: to ruin
ruisseler: to trickle, to stream
rumeur (f): rumour, report, noise
ruminer: to think about; to chew
russe: Russian
rustique: rustic

S

sable (m): sand
sabot (m): (wooden) shoe; horse hoof
sac (m): bag
  être dans le même sac: to be in the same boat
sache (savoir): know
sacre (m): swear word
  à coup de sacre: swearing
sacré: sacred; damned
sacreur (m): curser
sacrifier: to sacrifice
sacro-sainte: sacrosanct
safran (m): saffron; crocus
sage: wise
sagesse (f): wisdom
sain: healthy
  sain et sauf: safe and sound
saint: holy
  Saint-Domingue: the former name of the island of Haiti and of the Dominican Republic
  Saint-Henri: a poor district in Montreal

  Saint-Sulpice: a seminary in Montreal
  Vendredi Saint: Good Friday
sais: que sais-je encore: and goodness knows what else
saisir: to seize, to grasp; to fill; to capture
saison (f): season
  demi-saison: short season, midseason
salaire (m): salary
sale: dirty
salle (f): hall, large room
  salle d'accouchement: delivery room
salon (m): living room; anteroom
saluer: to salute, to greet
salut (m): greeting; salvation
salutation (f): greeting
  salutations d'usage: usual greetings
sang (m): blood
  il pisse le sang de partout: his blood is pouring from everywhere
  se faire du mauvais sang: to worry
sanglot (m): sob
sangloter: to sob
sans: without
  sans envie: not to feel like it
  sans cérémonie: without fuss
  sans cesse: continuously
  sans parole: speechless
sans-coeur (m, f): heartless person
santé (f): health
  maison (f) de santé: nursing home
sarcasme (m): sarcasm
satirique: satirical
sauf: safe; except
  sain et sauf: safe and sound
saut (m): jump
  faire un saut: to drop in
  saut de crapaud: fast two-step
saute (f): jump (temperature)
  saute de vent: wind shift, gust
sauter: to jump
sautiller: to hop, to skip

sauvage: wild
  été (m) des sauvages: Indian
  summer
sauver: to save
se sauver: to escape, to run
  away, to leave
sauveur (m): saviour
savant (m): scholar
savoir: to know
  que sais-je encore: and
  goodness knows what else
savoureux: savoury, tasty
scandale (m): scandal
scapulaire (m): scapular,
  religious garment
scénariste (m, f): script writer
scène (f): stage
  jouer à la scène: to produce
  on stage
  mise (f) en scène: staging,
  setting
scieau (m): pail (C)
scolaire: (of) school
scorbut (m): scurvy
scrutin (m): poll, vote,
  balloting
séance (f): session
seau (m): pail
sec: dry
  à sec: dried up
  au sec: in a dry place
  au ventre sec: infertile
  faire cul sec: to gulp down
sèche (sec): dry
sèchement: dryly
sécher: to dry
sécheresse (f): dryness
secouer: to shake
secourir: to help, to aid
secours (m): help, assistance
secouru (secourir): helped
secousse (f): shake, jolt, jerk
secrétaire (m, f): secretary
séduire: to seduce, to bewitch
seigneur (m): lord, master;
  Lord
Seine (f): major river in France
selon: according to
semailles (f pl): sowing,
  sowing season
semblable: alike, such, similar
semblant (m): semblance
  semblant d'à-propos:
  semblance of suitability

sembler: to seem
  sembler beau: to look nice
semence (f): seed
semer: to sow, to strew
Séminaire (m): seminary,
  college for training priests
  of the Roman Catholic faith
sens (m): sense
sensible: sensitive
sentence (f): sentence,
  judgment
sentier (m): path
sentiment (m): feeling, sense
sentir: to smell; to feel
  il ne se sent pas de joie: he
  is beside himself for joy
  le besoin s'en fait sentir: it
  becomes necessary
séparatisme (m): support of
  the withdrawal of Quebec
  from Confederation
séparatiste: a person who
  believes that a province
  must have supreme
  authority over its own
  affairs and not be a member
  of a union of provinces
séparer: to separate
sera (être): will be
sereine: serene, cheerful
sérieux: serious
  prendre ... au sérieux: to
  take ... seriously
serpe (f): hook
  à coups de serpe: roughly
  made
serpent (m): snake
serre (f): greenhouse; pressing
  (grapes); claws
serrer: to squeeze, to clench,
  to press, to hold tight; to
  shake
  avoir la gorge serrée: to
  have a lump in one's throat
  avoir le coeur serré: to be
  sad at heart
  le coeur serré: sad, heartsick
  les dents (f) serrées: gritting
  one's teeth
  poings (m) serrés: clenched
  fists
sert (servir): serves, uses
service (m): favour; service

  rendre service: to do a
  favour
servir: to serve
se servir de: to use
serviteur (m): servant, waiter
seuil (m): threshold, doorstep
seul: only, sole, single, alone
seulement: only
sève (f): sap
sévère: strict
Shelley, Percy Bysshe
  (1792-1822): a British poet
si: if; so; yes
  moi si: but I have
siècle (m): century
siège (m): seat; centre
sien: his, hers
  les siens: his people
sieste (f): nap
  dormir la sieste: to have a
  siesta
sieur (m): Mr., lord
siffler: to whistle
signe (m): sign
  faire signe: to signal, to
  beckon
signer: to sign
signifier: to mean, to signify
silencieux: silent
sillage (m): wake, wash (of
  ship)
sillon (m): furrow
simple: plain, ordinary, simple
simples (m pl): ordinary
  people
singe (m): monkey
singulier: strange
singulièrement: strangely
sinistre: ominous, fateful
sinon: otherwise; only
sirène (f): siren
situer: to place, to locate
société (f): society
  Haute Société: High Society
Sodome (f) et Gomorrhe (f):
  two biblical cities destroyed
  by God with fire and
  brimstone
Soeurs de la Congrégation (f):
  an order of nuns
soi: himself, herself, oneself
  en soi: in itself
  soi-même: oneself
soie (f): silk

soif (f): thirst
soigné: well-groomed
soigner: to look after, to take care of
soigneusement: carefully
soin (m): care
soir (m): evening
  un par soir: one a night
soirée (f): evening
sois, soit (être): be
  quel qu'il soit: whoever he may be
  qui soit: there is
sol (m): ground, earth
soldat (m): soldier
soleil (m): sun
solennel: solemn
solennellement: solemnly
solitaire: lonely
sollicitude (f): concern
sombre: dark, gloomy
somme (f): en somme: in conclusion, in short
  somme toute: all in all; after all
somme (m): nap
  faire un somme: to have a nap
sommeil (m): sleep, slumber
sommet (m): top, height; end
somnambulique: sleepwalking
somnoler: to drowse, to doze
somptueux: sumptuous, gorgeous
son (m): sound
songe (m): dream
songer: to dream, to think
sonner: to ring
  être sonné: to be under fire, to be a marked person
sonore: resonant
sophisme (m): false argument
sorcier (m): sorcerer
sornettes (f pl): nonsense
sort (m): destiny, fate
sorte (f): kind, sort, manner
  de sorte que: with the result that
sortie (f): way out
  dès leur sortie: as they left
sortir: to go out; to get out, to take out
sou (m): cent; coin
  deux sous de peine: a

second's trouble
souci (m): care, worry
soudain: suddenly
soudure (f): welding, soldering
  faire la soudure: to bridge the gap; to make do
souffle (m): breathing; breath
  le souffle court: out of breath
souffler: to blow; to whisper
souffrance (f): suffering
souffreteux: destitute, needy
souffrir: to suffer
souhaiter: to wish, to desire
soulagement (m): relief
soulever: to raise, to lift up
se soulever: to rise up, to rebel
soulier (m): shoe
souligner: to underline; to emphasize
soumis: submissive, obedient, docile
soumission (f): submission
souper (m): supper
soupir (m): sigh
  pousser un soupir: to utter a sigh
soupirer: to sigh
souple: supple; flexible
sourcil (m): eyebrow
sourd: deaf
sourire: to smile
sourire (m): smile
  sourire en coin: broad smile
souris (f): mouse
sous: under
  sous-marin: underwater
soustraire: to remove, to withdraw; to protect
soutenir: to support; to maintain
soutenu: supported
soutien (m): support
souvenir (m): memory
  faire souvenir de: to remind
se souvenir: to remember
soyez (être): be, are
soyons (être): let's be
sparage (m): exaggerated gesture (C)
spectacle (m): show, play
Stadaconé: Stadacona, former

name for Quebec City
standardiste (m, f): switchboard operator
strophe (f): stanza
stupéfait: amazed, dumbfounded
su (savoir): known
subalterne: subordinate, inferior
subir: to undergo
subit: sudden
subjugué (m): prisoner
succomber: to succumb; to die
sucre (m): sugar; syrup
  cabane (f) à sucre: maple sugar shed
  faire les sucres: to make maple sugar, syrup
sucrée: une sucrée de guerre: a sweetheart of a war
sucrerie (f): sugar refinery
sucrier (m): sugar manufacturer
sucrier: (of) sugar
sud (m): south
  Amérique (f) du Sud: South America
  sud-ouest (m): southwest
Suède (f): Sweden
suer: to sweat
sueur (f): sweat
suffire: to be sufficient, to be enough
suffisait (suffire): all that was necessary
suffoquer: to choke (with anger)
suggérer: to suggest
suis (suivre): follow
suit (suivre): follows
suite: à (par) la suite: afterwards
suivant: following
suivre: to follow
  suivre à la rame: to row after
  suivre un cours: to take a course
sujet (m): subject; pupil
  à votre sujet: about you
  au sujet de: about, concerning
Sulpicien: priest of the order of Saint-Sulpice

supercherie (f): deceit, fraud, ruse

supérieur (m): head (of monastery)

superstitieux: superstitious

supplier: to beseech, to implore, to beg

avoir beau supplier: to beg in vain

sur: on

avoir sur le coeur: to be upset

donner sur: to look out on

sur le point de: about to

sur quoi: upon which

sûr: sure

à coup sûr: for certain

bien sûr: of course

sûrement: certainly

surexciter: to overexcite

surgir: to surge; to appear

Surinam: Dutch Guiana

surmonté: topped

surnaturel: supernatural

surpeuplé: overpopulated, overcrowded

surprenant: surprising

surprit (surprendre): surprised

sursaut (m): start, jump

sursauter: to give a jump

surtout: above all

surveiller: to watch over, to supervise

survenir: to arrive unexpectedly

survoler: to fly over

suspendu: hanging

sympathie (f): compassion, close feeling

sympathique: nice, kind, gentle

T

tabac (m): tobacco

tableau (m): chalkboard; painting, picture

tablette (f): desk top; shelf

tablier (m): apron

tache (f): stain, spot

tacher: to stain, to spot

tâcher: to try, to endeavour

taciturne: close-mouthed, quiet

tactique (f): method, tactic

taille (f): size; edge; waist

vous n'êtes pas de taille: you are no match for

taire: to not mention

faire taire: to quieten (down)

se taire: to be quiet

tais-toi!: be quiet!

talon (m): heel

avoir l'estomac (m) dans les talons: to be starving

tambour (m): drum

roulement (m) de tambour: drum roll

Tamise (f): the Thames; river in England on which London is situated

tandis que: whereas, while

tanner: to tan (leather)

tant: so much, so many; as well as

fasse tant de peine: causes so much trouble

tant bien que mal: somehow or other

tant mieux: so much the better

tant pis: too bad

tant qu'à y être: if it has to be

tantôt: soon; shortly before

tape (f): pat, slap

taper: to pat, to slap

tapi: crouched

tapis (m): rug, carpet

taquin (m): tease

taquiner: to tease

tarder: to delay, to be late

tardif(ve): late, belated

tas (m): pile, heap, bunch

se tasser: to move over, to fade away; to crowd together

tasserie (f): bin (C)

taureau (m): bull

té: tiens!: well then! Look here!

tel: such, like, so

tel ou tel: such and such

téléroman (m): T.V. play

tellement: so, so much

téméraire: rash, reckless

tempête (f): tempest, storm

temps (m): time; weather

à quelque temps de là: sometime thereafter

de temps en temps: from time to time

doux temps: mild weather

grand temps: high time

marquer le temps: to mark time

prendre du bon temps: to do as one likes

sans avoir eu l'temps d'faire ouf: in the blink of an eye

tendant: holding out

tendre: to hold out, to offer, to hand, to stretch out

tendre les bras: to reach out

tendre l'oreille: to listen closely

tendre: tender, soft

tendresse (f): tenderness

tendu (tendre): stretched

ténèbres (f pl): darkness

Prince (m) des Ténèbres: Prince of Darkness, the Devil

tenez: tenez-vous le pour dit: that's for sure

tenir: to hold (out)

tenir à: to be keen to

tenir à coeur: to be important

tenir auberge: to run an inn

tenir le coup: to hold out, to cope

tenir deux jours: to hold out for two days

se tenir: to be; to stand

tentation (f): temptation

tenter: to tempt

si ça vous tente: if you feel like it

tenu: être tenu de: to be obliged to

terminer: to end, to conclude, to finish

terrain (m): ground

terre (f): earth, ground

par terre: on the ground

terre-plein (m): terrace

terrestre: terrestrial, earthly

terreux(se): grubby, dirty; ashen

terrier (m): foxhole

terrier: (of) earth

terroriser: to terrorize
tête (f): head
  mauvaise tête: wretch
  piquer une tête: to fall
  headlong
  tête de Turc: scapegoat
thé (m): tea
tiédeur (f): tepidness, warmth,
  mildness
tien: yours
tiens!: hey (there)!
tiens (tenir): j'y tiens: it's
  important to me
timidement: timidly, shyly
tint (tenir): held
  tint ce langage: spoke these
  words
tinter: to ring, to toll a bell
tir (m): shooting; shot
tire (f): thickened maple
  syrup, taffy
tire-bouchon (m): corkscrew
tirer: to pull, to draw; to
  shoot; to fire; to get out of
  tirer une balle: to fire
  tirer dedans: to shoot
  tirer la chasse d'eau: to flush
  the toilet
tiroir (m): drawer
tison (m): half-burned log,
  embers
tisonnier (m): poker
tissage (m): weaving
  navette (f) à tissage: weaving
  shuttle
tisser: to weave
toé: you
toi: you
  toi que voilà: you who are
  there
toile (f): linen, cloth; tarpaulin
toilette (f): toilet; dress,
  wardrobe
  affaires (f) de toilette:
  toiletry articles
  faire la toilette: to wash up,
  to clean up
toit (m): roof
tôle (f): sheet metal
tomber: to fall
  laisser tomber: to drop; to
  remark
  se laissant tomber: sinking
  tomber rôti dans le bec: to

come easy, without effort
ton (m): tone, note
tonitruant: thundering
tonnerre (m): thunder
toqué: crazy; infatuated
torcher: to wipe (up) clean
tordre: to twist, to wring
torréfier: to roast, to scorch
tort (m): wrong, fault, blame
tôt: early, soon
toucher: to touch
touffu: thickly wooded; bushy
toujours: always; still
tour (m): trick; turn
  à tour de bras: with all one's
  might
  donner un tour de clé: to
  lock
tour (f): tower
tourbillonner: to whirl
tourmente (f): gale, storm
tourmenter: to torment
se tourmenter: to worry
tournée (f): tour
tourner: to turn (around)
  faire tourner: to twirl
  tourner de l'oeil: to die
  tourner en rond: to walk
  around
  tourner le dos: to turn one's
  back, to turn around
tousser: to cough
tout: all, everything; quite; very
  à tout jamais: forever
  à toute allure: at full speed
  de toute façon: in any case
  de toutes les façons: in every
  way
  en tout: completely
  en tout cas: in any case
  mettre le comble à tout: to
  top it all
  pas du tout: not at all
  pour tout vêtement: as the
  only clothing
  somme toute: all in all, after
  all
  tout à coup: suddenly
  tout à fait: completely
  tout à l'heure: just a while
  ago; in a minute
  tout de même: nevertheless
  tout de suite: right away
  tout entier: completely

  tout exprès: with the sole
  purpose
  tout haut: out loud
  tout oreille: all ears
  tout-petit (m): very young
  child
  tout-puissant: all powerful,
  omnipotent
  toute faite: ready-made
  toute-puissance (f): power,
  authority
  une fois pour toutes: once
  and for all
tracer: to set; to prescribe; to
  advise; to draw
traducteur (m): translator
traduire: to translate
traduit en cour: prosecuted
trahir: to betray
trahison (f): mistake, betrayal
trahissent (trahir): betray
train (m): train; rate
  au train où: at the rate of
  en train de: busy (doing)
traîneau (m): sleigh, sled
traîner: to drag, to pull
trait (m): feature; swallow
  tout d'un trait: at onc go
traite (f): stretch
  d'une traite: without
  interruption
traiter: to treat; to call
  traiter de: to deal with
traître (m): traitor
traître: treacherous
tramway (m): streetcar
trancher: to slice, to cut; to
  stand out, to contrast
tranquille: quiet, calm
tranquillement: quietly, calmly
transférer: to transfer
transfigurer: to transform, to
  change
transir: to chill; to paralyze
  amoureux (m) transi:
  bashful lover
transition (f): change,
  transition
transversal(e): side (street)
trapèze (m): trapeze
travail (m): work
travailler: to work
  n'ont que trop travaillé: have
  worked too much

travaux (travail) (m): work

travers: d'un travers à l'autre: from one end to the other

à travers: through

de travers: askew, crooked

traversée (f): crossing

traverser: to cross

traverser à gué: to ford

traversin (m): bolster

tremblement (m): trembling, shaking

trépas (m): death, decease

trésor (m): treasure

tribu (f): tribe

tricher: to cheat, to trick

tricoler: to stumble, to be unsteady (C)

tricoter: to knit

triomphe (m): triumph

triple buse (f): nitwit three times over

tripoter: to whip up; to deal

trique (f): heavy stick, cudgel

triste: sad

tristesse (f): sadness

Trois-Rivières: Quebec town on the Saint Lawrence River

tromper: to deceive, to trick

se tromper: to be mistaken

trompette (f): trumpet

tronc (m): tree trunk

trôner: to sit enthroned

trop: too much, too

n'ont que trop travaillé: have worked too much

trottinette (f): scooter

trottoir (m): sidewalk; platform

trou (m): hole

trouble (m): confusion, disorder; emotion

trousseau (m): outfit; (bride's) trousseau

trouver: to find

se trouver: to be situated

Troyes: city in the region of Champagne (France)

tuer: to kill

se faire tuer: to get oneself killed

Turc: tête (f) de Turc: scapegoat

se tut (se taire): fell silent

tutoie (tutoyer): speaks to in

the familiar "tu" form

type (m): guy

U

unique: sole, single, unique

unir: to join, to combine, to unite

Ursulines: an order of teaching nuns, established in Quebec in 1639

usage (m): use, custom

d'usage: usual, habitual

salutations (f pl) d'usage: usual greetings

usé: tired; worn out

user: to treat; to use; to wear out

en user avec: to treat

usine (f): factory

utile: useful

utiliser: to utilize

utopie (f): Utopia

V

vacances (f pl): holidays, vacation

vache (f): cow

vacillant: wavering, flickering

vague (f): wave

vague: vague, distant

vaguement: vaguely

vaincre: to vanquish

vaincu (m): loser

vaincu d'avance: born loser

vainqueur (m): conqueror

vaisselle (f): dishes

val (m): valley

valable: valid

valet (m): man servant

valeur (f): value

valise (f): suitcase

valoir: to be worth

valoir la peine: to be worthwhile

valoir mieux: to be better

valu: eût mieux valu: would have been better

vanter: to praise

se vanter: to boast, to brag

vapeur (m): steamer

vaste: huge

va-t'en: go away

vaudrait (valoir): would be worth

mieux vaudrait: it would be better

vaurien (m): waster, good-for-nothing, bum

vaut: is worth, equals

ça ne vaut pas la peine: it's not worth it

vécu (vivre): lived

veille (f): day (night) before

veillée (f): evening gathering

veiller: to watch, to guard; to be awake

velléitaire (m): dabbler, amateur

velours (m): velvet

vendre: to sell

vendredi (m): Friday

Vendredi Saint: Good Friday

vengeance (f): revenge

se venger: to take revenge

venir: to come

venir de: to have just

s'en venir: to come along

vent (m): wind

au vent: flying

saute (f) de vent: wind shift, gust

vente: (f): sale; felled timber

ventre (m): belly, abdomen

à plat ventre: lying on one's stomach

au ventre sec: infertile

venue (f): arrival

verbe (m): verb; tone of voice

verdeur: avec verdeur: bluntly

verdure (f): greenness, greenery

vérifier: to check, to confirm

vérité (f): truth

verra (voir): will see

verrait (voir): would see

verre (m): glass

vers (m): line of poetry

vers: toward

verser: to shed, to pour

verser des larmes (f): to shed tears

vertu (f): virtue, power

Vessies et lanternes: The moon is made of green cheese (title)

prendre des vessies pour des

lanternes: to make a terrible mistake; to believe the moon is made of green cheese

veste (f): vest
　veste de chasse: hunting jacket

vêtement (m): garment, clothing
　pour tout vêtement: as the only clothing

vêtir: to dress

vêtu (vêtir): dressed

veuf (m): widower

veuille (vouloir): want
　veuille ou pas veuille: whether he likes it or not

veule: weak, feeble

veuve (f): widow

veux (vouloir): je ne vous en veux pas: I don't hold it against you

viande (f): meat

vibrer: to vibrate

vice (m): vice, sin, corruption

vide: empty
　à vide: to no avail

vider: to empty
　se vider le coeur: to pour out one's heart

vie (f): life
　à vie: forever
　en vie: alive

vieillard (m): old man

vieille (vieux): old
　ma vieille: old girl; my friend; my dear

vieillesse (f): old age
　pension (f) de vieillesse: old-age pension

vieillir: to grow old

vieillissant (vieillir): growing old

Viet-Nam (m): a country in Asia, the scene of a bloody war between the Americans and the North Vietnamese

vif: sharp
　au nez vif: with a sharp nose

vigne (f): vineyard

village (m): village
　jeter des villages: to found, to put up villages

ville (f): city, town

Ville-Marie: former name of Montreal

vin (m): wine

vingt: twenty
　ses vingt berges: its youth; its low-water mark

vingtaine (f): (about) twenty

violet(te): purple

violon (m): fiddle

violoneux (m): violinist

virer: to turn, to sweep around

virilité (f): manliness; vigour

vis (vivre): live

vis (voir): saw

visage (m): face

visiblement: visibly, noticeably

visiteur (m): visitor

vit (vivre): lives

vit (voir): saw

vite: fast, quickly
　au plus vite: as soon as possible

vitesse (f): speed

vitre (f): windowpane

vitré: glazed
　le haut vitré: glassed upper-part

vivant: alive, living

vive (vivre): long live

vive (vif): quick, alive

vivement: sharply, briskly; let it come quickly

vivre: to live, to endure
　vivre en chambre: to take a room
　vivre en roi: to live like a king

vivres (m pl): provisions, food
　couper les vivres: to cut off one's allowance

vocation (f): religious calling; inclination

voie (f): way, road

voilà: there is, there are
　voilà ... que: it's been ... since, that
　toi que voilà: you who are there

voile (f): sail
　faire voile: to sail

voilier (m): sailing ship

voir: to see

ne ... rien à voir: have nothing to do

se faire bien voir: to win approval

voisin (m): neighbour

voisin: neighbouring, next door

voisinage (m): vicinity, proximity; neighbourhood

voiture (f): car
　voiture de bébé: baby carriage
　voiture de pompier: fire engine

voix (f): voice
　voix noire: sombre voice

vol (m): flight

volée (f): flight

voler: to fly; to steal

volet (m): shutter

volonté (f): will

volontiers: willingly, gladly

vomir: to vomit; to spit out, to spew

vouloir: to want
　en vouloir à: to bear a grudge
　Que voulez-vous que j'y fasse?: What do you want me to do about it?
　vouloir dire: to mean

vouvoie (vouvoyer): speaks to in the formal "vous" form

voyage (m): trip
　compagnon (m) de voyage: travelling companion

voyageur (m): traveller

voyons donc!: come! come!
　mais voyons: look here!

vrai: true; real
　dire vrai: to speak the truth
　une vraie de vraie: a real dilly

vraiment: really

vu (voir): seen

vue (f): sight
　de vue: from sight

vulgaire: common

vulnérable: vulnerable, soft, naïve

W

Wall Street: a street in New York; the financial centre of American big business

Washington: the centre of government for the U.S.A.

Watts: a city in California, scene of race riots

Westminster: the houses of parliament in London, England

Windsor (m): train station in Montreal

Y

y: there
  y'est: il est: he, it is
  il y a: ago
yâbe: diable (m): devil (C)
yeux (m pl): eyes

aux yeux croches: cross-eyed
yeux cernés: rings around the eyes

Z

Zamba: a popular character in folk tales of that region
zèbre (m): guy, chap

Acknowledgements

Boulanger, Daniel. "Le Mort du bridge," extrait de *Mémoire de la ville,*
© Editions Gallimard.

Camus, Albert. "L'Hôte" d'Albert Camus, extrait de *L'Exil et le royaume,*
© Editions Gallimard.

Choquette, Robert. "La Chasse-galerie" (adapté), de Robert Choquette, tiré de
Le Sorcier d'Anticosti, Les Editions Fides.

Crespi, Henri. "L'Oeuf de Pâques" (adapté), d'Henri Crespi, tiré de *Nouvelles,*
Editions René Julliard.

Dor, Georges. "La Manic" de Georges Dor, extrait de *Chansons/1* publié par
Leméac/L'Hexagone, 1970.

Dubé, Marcel. "Le grand départ" de Marcel Dubé, extrait de *Florence,*
Les Editions Leméac.

Ferland, Jean-Pierre. "Je reviens chez nous" de Jean-Pierre Ferland, extrait de
Chansons, Les Editions Leméac.

Fournier, Roger. "La Bagosse" (adapté), de Roger Fournier, tiré de *Les Filles à
Mounne,* Editions Pierre Tisseyre.

Gélinas, Gratien. Extrait de "Hier les enfants dansaient" (adapté), de Gratien
Gélinas, Les Editions Leméac.

Lalonde, Michèle. "Speak white" de Michèle Lalonde, Editions de l'Hexagone.

Martel, Suzanne. "Fille du Roy," extraits de *Jeanne, Fille du Roy* par Suzanne
Martel, Les Editions Fides.

Nelligan, Emile. "Soir d'Hiver" d'Emile Nelligan, Les Editions Fides.

Pagnol, Marcel. "Fanny" (extrait) de Marcel Pagnol, Jacqueline Pagnol.

Prévert, Jacques. "Le Chat et l'oiseau" de Jacques Prévert, extrait de *Histoires,*
© Editions Gallimard.

Roy, Gabrielle. "Vincento" (adapté) de Gabrielle Roy, tiré de *Ces Enfants de
ma vie,* Les Editions Alain Stanké.

Saint-Exupéry, Antoine de. Extract from *Le Petit Prince* by Antoine de Saint-
Exupéry, copyright 1943 by Harcourt Brace Jovanovich, Inc.; renewed 1971
by Consuelo de Saint-Exupéry. Reprinted and reproduced by permission of
the publisher (text and illustrations).

Tirolien, Guy. "Prière d'un petit enfant nègre" d'après Guy Tirolien, tiré de
Balles D'or, Présence Africaine, Paris, 1961.

Tremblay, Michel. "Le Diable et le champignon" (adapté) de Michel Tremblay,
tiré de *Contes pour buveurs attardés,* Editions du Jour.

Vigneault, Gilles. "Les Gens de mon pays" de Gilles Vigneault, extrait de
Les Gens de mon pays, Nouvelles Editions de l'Arc, Montréal.

Photographs—Cover photograph, © Sherman Hines/Masterfile; Page 59
André Le Coz; Page 85 NFB Photothèque, Ottawa; Page 97 Public Archives of
Canada; Page 123 la Comédie française; Page 131:Georges Dor, Antoine Desilets;
Michèle Lalonde, John Reeves; Michel Tremblay, Canapress Photo Service;
Gratien Gélinas, Canapress Photo Service;
Page 130: Jacques Prévert, Jacques Robert; Gabrielle Roy, Canapress Photo
Service; Antoine de Saint-Exupéry, John Phillips © TIME, Inc.;
Albert Camus, Editions Gallimard; Jean-Pierre Ferland, Canapress Photo Service.